PHILIPPE,

GUSTAVE ET FERDINAND

DE LA RENAUDIÈRE

(1781-1886).

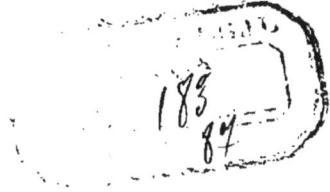

I0156522

PARIS

LIBRAIRIE DE FIRMIN-DIDOT ET Cᴵᴱ,

IMPRIMEURS DE L'INSTITUT, RUE JACOB, 56.

1887.

PHILIPPE,

GUSTAVE & FERDINAND

DE LA RENAUDIÈRE.

Typographie Firmin-Didot. — Mesnil (Eure).

PHILIPPE,

GUSTAVE ET FERDINAND

DE LA RENAUDIÈRE

(1781-1886).

PARIS

LIBRAIRIE DE FIRMIN-DIDOT ET Cᴵᴱ,

IMPRIMEURS DE L'INSTITUT, RUE JACOB, 56.

—

1887.

PHILIPPE,

GUSTAVE & FERDINAND

DE LA RENAUDIÈRE

(1781-1886).

Le 23 janvier 1886, s'éteignait à Paris, dans la personne de M. Ferdinand de la Renaudière, une vieille famille viroise que les amis des lettres ne sauraient oublier. Un même tombeau rassemble aujourd'hui, dans l'humble cimetière de Vaudry, les trois derniers descendants de cette famille. Il m'est doux, à moi qui, pendant près de vingt-cinq ans, ai pu jouir de l'amitié de celui qui vient de disparaître, de le réunir à son père et à son frère aîné dans le pieux hommage que

1

je suis heureux de rendre à cette famille aimable et lettrée, dont la ville de Vire est justement fière et dont elle saura conserver le souvenir (1).

ARMAND GASTÉ.

Août 1887.

(1) N'ayant pas eu l'honneur de connaître MM. Philippe et Gustave de la Renaudière, je me suis aidé, pour le premier, de la *Notice* de M. Isidore Le Brun (*Annuaire normand,* vol. XIII, 1847); et, pour le second, des *Notices* de MM. Noël des Vergers et Antonin de Campagnolles.

I.

PHILIPPE DE LA RENAUDIÈRE.

Philippe Lasnon de la Renaudière naquit à
Vire, le 8 novembre 1781. Son père, Jean-
François Lasnon, sieur de la Renaudière, gen-
darme de la garde de Louis XVI, et chevalier
de Saint-Louis, figura, le 10 août, parmi les
défenseurs du Roi. Sa mère, Victoire Le Mar-
chand de Rosel, fille et petite-fille de trésoriers
généraux, était la sœur d'un conseiller à la
cour des aides de Paris. Philippe de la Renaudière fit ses études classiques et son droit à Caen.
En 1805, il publia une *Ode sur la troisième
coalition d'une partie de l'Europe contre la*

France, et, en 1808, une *Description de la Fête-Dieu dans un hameau* (1), que Chateaubriand appréciait assez pour l'insérer dans les *Notes* du *Génie du Christianisme.*

Après avoir donné pendant quelque temps des articles à la *Décade philosophique* et au *Publiciste*, Philippe de la Renaudière fut nommé Conseiller-auditeur à la cour de Caen. Il ne tarda pas à être appelé à la présidence du tribunal civil de Vire; mais, en 1820, Philippe de la Renaudière se démit de ses fonctions, qu'il avait dignement remplies pendant douze ans, pour se fixer à Paris et se consacrer à la géographie, science qu'il aimait et qui jusqu'à sa mort devait être l'objet principal de ses travaux.

En 1821, il fut l'un des fondateurs de la *Société de géographie*, et bientôt Malte-Brun et Eyriès, directeurs du *Journal des Voyages*, furent heureux de se l'adjoindre comme collaborateur.

En 1830, Ph. de la Renaudière fournit au *Traité*

(1) Voir à l'*Appendice*, note A.

élémentaire de géographie de Malte-Brun une *Histoire de l'origine et des progrès de la géographie*, et un *Abrégé de la géographie ancienne.*

Élu vice-président de la Société de géographie, il obtint, en 1839, la décoration de la Légion d'honneur.

La liste des travaux de Ph. de la Renaudière est très longue : nous nous contenterons de mentionner les suivants :

Dissertatio de Alpibus ab Hannibale superatis (Paris, 1823);

Notice sur le royaume de Mexico (Paris, 1824);

Voyage dans le Timani, le Kouranko et le Soulimana, par le major G. Laing, traduit de l'anglais, en collaboration avec Eyriès (Paris, 1826);

Voyages et découvertes dans le nord et dans la partie centrale de l'Afrique, par Denham, traduit de l'anglais, avec Eyriès (Paris, 1826);

Histoire et découverte de l'Amérique, et voyages des premiers navigateurs au Nouveau

Monde, traduit de l'allemand de Campe (Paris, 1827) ;

Second voyage dans l'intérieur de l'Afrique, depuis le golfe de Benin jusqu'à Sackatou, traduit de l'anglais de Claperton, avec Eyriès (Paris, 1829) ;

Coup d'œil sur les progrès et l'état actuel de la littérature anglo-saxonne, en Angleterre, traduit de Th. Wright (Paris, 1836).

L'ouvrage le plus important de Ph. de la Renaudière est, sans contredit, le *Mexique,* publié, en 1843, dans l'*Univers pittoresque* de Didot. Le *Mexique* est un travail toujours estimé, toujours consulté, et, il faut bien l'ajouter, toujours pillé.

Sans parler des articles qu'il a fournis aux *Annales des Voyages* (*Description de Poulo-Pinang, Notice sur le royaume de Kedah, Tableau de la Bouckarie,* etc.), c'est encore à lui que nous devons l'*Éloge de Barbié du Bocage,* et une excellente *Notice* sur son illustre maître et ami, Malte-Brun.

Tous ces ouvrages sont écrits d'un style aussi élégant que concis, et, malgré les progrès de la science, ils n'ont pas vieilli.

Philippe de la Renaudière s'était préparé une charmante retraite aux portes de sa ville natale, dans sa propriété de la Herbelière : c'est là, sous les ombrages plantés par lui sur les bords du petit ruisseau de l'Allière, qu'il aimait à venir passer la belle saison avec la femme distinguée qu'il s'était choisie; c'est dans son salon, dont Madame de la Renaudière faisait les honneurs avec une grâce que n'ont point oubliée ceux qui ont eu, comme moi, le bonheur de la connaître, ou bien encore dans sa riche bibliothèque, que Ph. de la Renaudière se plaisait à réunir ses nombreux amis de Paris et les membres les plus distingués de la société viroise, qu'attiraient sa science et son aimable accueil. Le Rév. Th. Frognal Dibdin, le savant conservateur de la bibliothèque de lord Spencer, nous dira, dans son *Voyage bibliographique, archéologique et pittoresque*, comment Philippe de la Renaudière re-

cevait ses hôtes, et quelle haute idée il laissait de
sa personne à ceux qui avaient eu le plaisir de
converser avec lui : « Je fus accueilli par ce gentle-
man avec un empressement, une cordialité, une
joie dont il me serait impossible de vous donner
une idée... Parvenu au premier étage, mon hôte
m'ouvrit deux pièces contiguës et s'écria : *Voilà
ma bibliothèque !* L'air de triomphe qui accompa-
gna cette exclamation me plut infiniment ; mais
j'eus lieu d'être bien plus satisfait encore, en exa-
minant l'une des plus jolies, des plus utiles, des
plus estimables collections de livres que j'eusse
rencontrées jusqu'alors, surtout pour la partie
des belles-lettres. La bibliothèque de M. de la
Renaudière se compose de neuf mille volumes
environ, *dont huit cents sont anglais.* Le goût
du propriétaire a surtout pour objet l'archéologie
poétique, c'est-à-dire qu'il recherche tous les ouvrages de nature à faire connaître les progrès
de la poésie française et anglaise dans le moyen
âge et les temps qui suivent immédiatement. Il
parle des *trouvères* et des *troubadours* avec un

enthousiasme qui approche du ravissement ; puis il montre du doigt nos Warton, Ellis, Ritson et Southey, exprime à quel point ils lui sont chers, mais finit par déclarer néanmoins qu'il préfère *un peu* Legrand, Ginguené, Sismondi et Raynouard... M. de la Renaudière possède une collection presque complète d'ouvrages critiques dans notre langue et relatifs à l'ancienne poésie. Il me parut fort curieux, fort empressé de connaître l'état actuel de cette branche de la littérature anglaise, ajoutant qu'il méditait lui-même un ouvrage sur la poésie française des douzième et treizième siècles. Il parle rapidement, avec chaleur, sans relâche ; mais il parle bien... »

Et plus loin, Dibdin nous raconte une promenade avec Ph. de la Renaudière : « Je n'oublierai jamais cette promenade du soir. Le soleil semblait prodiguer l'or de ses rayons : l'atmosphère paraissait à chaque instant plus brillante, plus sereine. Mille petits chantres qui gazouillaient dans l'épais feuillage des arbres ; le chant des laveuses et des laitières qui garnissaient les

bords du ruisseau serpentant à nos pieds, tout
cela formait, en arrivant jusqu'à nous sur ces hau-
teurs, une espèce de joyeuse et sauvage harmonie.
La plaine était tachetée de moutons : le fruit
commençait à s'échapper du sein de la tige féconde... Mon guide était tout allégresse, tout activité... Chemin faisant, nous parlâmes de poésie
anglaise. Je m'aperçus que Thompson plaisait
autant à mon guide qu'au reste de ses compa-
triotes. Il me confia qu'il avait traduit ce poète
en vers français et qu'il se proposait de publier
sa traduction. Je le pressai de m'en réciter quelques fragments, ce qu'il fit sur l'heure et avec
énergie. Je remarquai dans sa version une heureuse fidélité qui m'enchanta. Il entend parfaitement l'original : je croirais même qu'il l'a sur-
passé dans la description de cette cataracte qui se
trouve dans l'*Été*. »

Enfin, quand Dibdin quitta son ami : « Nous
nous dîmes adieu à l'anglaise, en nous serrant
cordialement la main : je montai en voiture et
donnai le signal du départ : *Au plaisir de vous*

revoir!... jusqu'à ce qu'un détour de rue vînt nous séparer tout à fait. J'oublierais difficilement les dernières quarante-huit heures passées dans l'intéressante ville de Vire (1). »

C'est à Vire, à la Herbelière surtout, que Ph. de la Renaudière comptait employer dans d'utiles travaux les loisirs que semblait lui promettre une verte vieillesse, lorsque brusquement la mort l'arracha, le 25 février 1845, à la science et à l'affection des siens. Il venait d'assister, comme délégué de la Société de géographie, à l'inauguration de la statue du contre-amiral Dumont d'Urville, à Condé-sur-Noireau.

(1) Dibdin, *Voyage bibliogr.*, trad. par Th. Licquet, t. II, pages 221 et suiv.

II.

GUSTAVE DE LA RENAUDIÈRE.

Le jour de son départ de Vire, Dibdin déjeuna chez son « guide et ami », Philippe de la Renaudière. « Madame de la Renaudière, dit le savant bibliophile, fit les honneurs avec infiniment de grâce. La présence du plus aimable enfant que j'eusse encore vu, petit garçon de cinq à six ans, la tête abondamment garnie d'une chevelure extrêmement fine et d'une couleur charmante, donnait à notre dernier repas à Vire un caractère de gaîté particulière. »

L'enfant aux boucles blondes et soyeuses, c'était

l'aîné des fils de Philippe de la Renaudière, Gustave, né à Vire, le 22 juillet 1812 (1).

Sa mère, dont nous avons déjà dit quelques mots, Adèle Guyot, descendait d'une vieille famille originaire de la Champagne. Au seizième siècle, un de ses membres, Guyot des Charmaux, eut l'honneur d'être trois fois placé à la tête de l'édilité parisienne.

Loin de nous la pensée de trop rapprocher Gustave de la Renaudière d'Alfred de Musset : toutefois nous devons dire que le grand-père d'Alfred de Musset, Claude-Antoine Guyot des Herbiers (2), appartenait à la vieille famille d'où descend Gustave de la Renaudière, et qu'on peut, en y regardant bien, trouver un certain air de famille entre le poète des *Nuits* et l'auteur des *Cantilènes*. Fils d'un poète, parent éloigné, — mais enfin parent, — d'un grand poète, Gustave ne pouvait guère échapper à sa destinée.

---

(1) Dibdin fit son voyage en Normandie en 1818.

(2) Voir Paul de Musset, *Biographie d'Alfred de Musset* (éd. Lemerre, *Introd.*, p. 8).

C'est en vain qu'après d'excellentes études au collège de Sainte-Barbe, il va s'asseoir sur les bancs de l'École de droit, et se fait recevoir avocat; la Muse, que Chênedollé lui avait appris à aimer, l'entraîne dans les sentiers ombreux que ne connaissent guère les disciples de Cujas et de Barthole; et le magistrat que la famille rêvait peut-être deviendra un poète et un poète charmant.

Nous voyons d'abord Gustave de la Renaudière attaché à la rédaction de la *Patrie,* où il est chargé de la critique du *Salon* et de la chronique théâtrale; puis il quitte Paris et les nombreux amis qu'il s'est faits grâce à son esprit et à sa belle humeur, pour aller en Italie, qui deviendra sa terre de prédilection, et où il aimera à retourner presque tous les hivers. A Florence, il rencontre la société la plus distinguée, qui l'accueille les bras ouverts et reste suspendue à ses lèvres de causeur. C'est qu'en effet on a rarement mieux « causé » que lui. Dans les salons du marquis de Brignoles-Sales, à Florence, dans ceux de Mme de Valabrè-

gue, née Catalani, comme dans les salons pari-
siens, Gustave de la Renaudière « s'abandonnait à son imagination quelque peu vagabonde et
aux caprices de sa fantaisie; et sa conversation
scintillante, où les traits affinés d'une verve
originale et primesautière se pressaient à l'envi,
avait le plus grand charme (1). »

C'est en 1842 que Gustave de la Renaudière
publia son volume de vers : *Les Cantilènes*. « Le
public de goût qui ne lit pas seulement des yeux,
nous dira-t-il lui-même , voudra bien reconnaître
que sous leur forme légère les petites pièces de ce
volume sont de sérieuses études de poésie lyrique,
affranchies de tout esclavage d'école (2). »

Mon verre n'est pas grand, mais je bois dans mon verre,

avait dit Alfred de Musset. Gustave de la Renau-

(1) Noël des Vergers, *Notice sur Gustave de la Renaudière*,
en tête de la dernière édition des *Cantilènes*.
(2) Préface, datée de la veille de sa mort, et qu'il destinait
à une nouvelle édition des *Cantilènes*. Voir l'édition pos-
thume, Introduction.

dière est bien de la même famille que le poète de
La Coupe et les Lèvres. A l'heure où les débu-
tants imitaient plus ou moins Lamartine, Victor
Hugo ou Musset, l'auteur des *Cantilènes* ne
copie personne, ne se réclame de personne, si
ce n'est des poètes de l'antiquité, les maîtres
éternels (1), et se contente de chanter, avec une
note bien personnelle, ce qu'il voit, ce qu'il sent,
ce qu'il admire :

Moi, l'élève inconnu de l'amoureux Horace,
Mes chansons sans écho s'éteindront dans l'espace;
Mais que m'importe à moi! je chanterai toujours,
Et, ceignant sur mon front et rose et scabieuse,
J'essaierai de trouver la note harmonieuse
Qui console les cœurs et répond aux amours.

(*Vous et Moi.*)

Gustave de la Renaudière sait aussi, — et ce

(1)   Des poètes latins j'ai suivi les leçons,
      Et, disciple docile entre les plus dociles,
          Ami des vers faciles,
      J'imite leurs chansons. (*Mes Maîtres.*)

2

n'est pas sa moindre originalité, encadrer sa pensée
dans les rythmes les plus variés et les plus chan-
tants. Aussi n'est-il pas étonnant que les musi-
ciens se soient, à l'envi, emparés de la plupart
des pièces de son recueil (1).

Il avait aussi écrit plusieurs pièces de théâtre;
ceux qui les ont entendu lire par l'auteur les trou-
vaient étourdissantes comme lui « d'entrain et de
gaîté (2) ». La seule qui ait été imprimée, la
Visite, comédie en un acte et en vers, fut repré-
sentée au théâtre de Vire, en 1857, et y obtint
le plus vif succès. Il semble que l'auteur se soit
peint, sans y songer, dans le sympathique per-
sonnage de Gustave de Nerval :

..... Il est bon, il est très comme il faut :
Très gai, spirituel, et, chose peu commune,
Sans un grand revenu, content de sa fortune.
Railleur intelligent, s'il se moque parfois

---

(1) Je citerai, entre autres, Félicien David, Mme Pauline
Viardot, M. J.-B. Wekerlin et M. René Le Normand.

(2) Noël des Vergers, *Notice,* p. XII.

Des bourgeois grands seigneurs, des grands seigneurs
                                        bourgeois,
De tous les faux semblants, de la soif de paraître
Ou plus riche ou plus grand que Dieu ne nous fit naître,
C'est qu'il a de bons yeux et pense sagement :
Qui critique le strass aime le diamant.

L'auteur ne devait survivre que peu d'années à ce succès.

La santé de Gustave de la Renaudière, depuis longtemps ébranlée, ne se soutenait que grâce aux soins dévoués d'une mère « qui fut le bon ange de toute sa vie (1) ». Mais le mal dont il était atteint faisant chaque jour de rapides progrès, on espéra que le soleil du Midi lui rendrait ses forces épuisées. Vain espoir ! le poète délicat, le spirituel causeur, s'éteignit doucement, le 2 avril 1862, à Amélie-les-Bains. « Sa mort prématurée, dit avec raison M. Noël des Vergers, fut un deuil de cœur pour sa famille, un

(1) Antonin de Campagnolles, *Notice sur Gustave de la Renaudière.* •

vif chagrin pour ses amis, et la cause d'un
profond regret pour tous ceux qui l'avaient
connu (1) ».

(1) Voir, à l'*Appendice,* note B, trois pièces de vers de
Gustave de la Renaudière.

III.

FERDINAND DE LA RENAUDIÈRE.

Causeur aussi aimable qu'érudit, d'une nature
éminemment loyale et d'une bonté qui lui attirait
tous les cœurs, tel fut le second fils de Philippe
de la Renaudière, Ferdinand, né à Vire le 18 oc-
tobre 1816, et mort à Paris le 23 janvier 1886.

Doué des aptitudes les plus diverses, Ferdinand de la Renaudière savait mener de front deux
choses qui semblent incompatibles, le soin des
affaires et le culte des lettres et des arts. Juge
au tribunal de commerce de la Seine, quand il
avait, grâce à son expérience et à son bon sens

si droit, dénoué les affaires les plus compli-
quées, il rendait ses jugements dans un style où
l'élégance du lettré le disputait à la précision du
juge.

Le ruban de la Légion d'honneur fut, en 1864,
la récompense de ses services.

D'une activité étonnante, Ferdinand de la
Renaudière trouvait encore le temps de s'occuper
de l'œuvre si utile des *Crèches* : « Entré par
son mariage dans la famille du philanthrope resté
célèbre sous le nom du *Petit Manteau bleu*, Ferdinand de la Renaudière, nous dira M. Marbeau (1), suivit ces traditions de bienfaisance
vers lesquelles le portaient naturellement d'ailleurs ses propres inclinations. » En 1847, il fonda,
avec le concours de tous ses proches, la Crèche
Saint-Merry. Peu après il devint membre de la
Société, dont il fut vice-président pendant près
de vingt années. « L'aménité de son caractère,
dit encore M. Marbeau, la sûreté de son juge-

(1) *Bulletin de la Société des Crèches,* nº 41, janvier 1886,
page 276.

ment et son dévouement à l'œuvre des Crèches
lui concilièrent bientôt toutes les sympathies :
son opinion, exprimée toujours avec autant de
grâce courtoise que de netteté, avait une autorité
particulière. »

Littérateur plein de goût, mais d'une modestie
extrême, Ferdinand de la Renaudière n'osait
livrer à la publicité les récits pittoresques et les
scènes ravissantes qu'il réservait pour ses intimes
amis.

Deux fois cependant il lui fallut se produire.
Lorsqu'en 1869 la ville de Vire éleva un buste à
Chênedollé, la famille songea naturellement, pour
prononcer un des discours d'inauguration, à celui
qui, tout jeune encore, avait connu, dans sa solitude du Coisel, l'illustre auteur du *Génie de
l'Homme,* et qui, sous ses yeux, avait joué avec
ses fils. C'est avec une singulière émotion qu'il
parla de celui qui avait été l'ami de son père. Je
ne veux citer qu'un fragment, — le plus intime,
— de cet excellent discours souvent interrompu
par les applaudissements de la foule sympathi-

que qui se pressait autour du buste du poète :
« Lorsqu'il m'a été donné de le connaître, ce
n'était pas encore un vieillard : il paraissait fati-
gué, non de la vie, mais de ce mal que j'appel-
lerai le mal des poètes. Cette souffrance, il semble
la définir, lorsque, parlant de sa mère, il disait :
*Ma mère était une personne d'imagination, ingé-
nieuse à se troubler elle-même, une de ces âmes
qui ne vivent que d'angoisses et d'alarmes. J'ai
beaucoup hérité d'elle.* Cependant Dieu prenait
soin comme à plaisir de combler le grand vide laissé
par l'imagination dans l'âme du poète, en jetant
dans ce gouffre insondable et toutes les affections,
et toutes les caresses et tous les respects, ce qui
peut faire aimer la vie, adoucir la vieillesse ; et
je ne savais pas alors, quand parfois il nous semblait sombre et rêveur, qu'il conversait mystérieu-
sement avec la Muse, dont il ne connut jamais
les caprices. »

Ferdinand de la Renaudière se croyait quitte
envers le public, qu'il redoutait, bien à tort cependant ; mais, au mois de juin 1877, grâce à

l'heureuse indiscrétion d'un de ses jeunes amis,
il voyait paraître dans le *Moniteur du Calvados,*
sous le titre de *Quinze jours hors de chez soi* (1),
les notes qu'il avait prises pour lui et pour un
groupe d'intimes pendant un voyage en Belgique
et en Hollande. Il serait vraiment dommage que ces
« impressions » eussent été perdues, car c'est avec
une rare finesse que le voyageur peint les mœurs
des pays qu'il a traversés, et avec une grande
sûreté de goût qu'il apprécie les chefs-d'œuvre
rencontrés sur sa route.

. . . .

Jusqu'à son dernier jour, jusqu'à sa dernière
heure, et malgré les atroces souffrances que lui cau-
sait la maladie qui devait l'emporter, Ferdinand
de la Renaudière a conservé son calme, sa bien-
veillance et même sa gaîté.

Bien qu'il ne se fît aucune illusion sur le
dénoûment fatal qu'il sentait très prochain, il

(1) Voir à l'*Appendice,* note C.

souriait avec bonté à ceux qui l'approchaient :
il voulait que ses amis, ses parents et surtout
sa chère femme le vissent, au moment de la
grande et cruelle séparation, tel qu'il avait été
pendant toute sa vie, le cœur le plus affectueux
et le plus dévoué.

APPENDICE.

NOTE A.

LA FÊTE-DIEU DANS UN HAMEAU (1),

PAR M. PH. DE LA RENAUDIÈRE.

Quand du brûlant Cancer les fécondes chaleurs
Jaunissent les moissons et colorent les fleurs,
Belle de tous ses dons, la brillante nature
Revêt avec orgueil l'éclat de sa parure,

(1) « L'auteur de ce petit poème avait traité ce sujet d'après ses propres idées, ou plutôt d'après celles que lui ont inspirées la vue d'une procession à C... Quelques pensées, en petit nombre, se sont trouvées être celles que M. de Chateaubriand a exprimées. Cette pièce avait déjà paru dans le *Mercure* du 2 juillet 1808. » (*Génie du Christianisme*, note de l'éditeur.)

Et l'Été sur son trône, au milieu de sa cour,
Apparaît, rayonnant de tous les feux de jour.
Dans les champs fortunés qu'embellit sa présence,
Tout assure un plaisir ou promet l'abondance.
L'homme, rempli d'espoir dans ces jours radieux,
Élève un chant d'amour vers la voûte des cieux;
Et la religion, se parant de guirlandes,
Au roi de l'univers apporte ses offrandes.
Éloigné des cités, dans le calme des champs,
Oh! combien me charmaient ces hommages touchants!
Ces lieux semblent porter à la reconnaissance.
Tout d'un ciel bienfaisant y montre la puissance :
Nos vœux y sont plus purs, tout y peint la candeur,
Et la bouche y dit mieux ce qu'a senti le cœur.
Le tableau séduisant de la pompe champêtre
A mon œil enchanté semble encore apparaître;
Je revois la douceur des fêtes des hameaux,
Et cette heureuse image appelle mes pinceaux.
Déjà l'astre du jour, poursuivant sa carrière,
Laissait tomber sur nous des torrents de lumière,
Et dans un ciel d'azur s'avançait radieux;
Près du temple, à l'entour des tombes des aïeux,
Qui, dépouillant leur deuil, couvertes de verdure,
Semblaient de l'espérance accueillir la parure,

Le hameau s'assemblait en groupe séparé.
Oh! comme avec délice, en ce jour désiré,
Il revoit tout l'éclat des fêtes solennelles
Que proscrivit l'athée et ses lois criminelles!
Comme alors, éprouvant un plaisir enchanteur,
La foule avec transport accueillit son pasteur!
Il allait revêtir ses parures sacrées,
Dans un coupable oubli trop longtemps demeurées!
Tel, du trépas ravi, l'heureux convalescent
Jette sur la nature un coup d'œil caressant;
Tel l'antique pasteur, retrouvant sa patrie,
Aux plus doux sentiments ouvre une âme attendrie.
Pendant nos jours de deuil et nos maux passagers,
Dix ans d'exil, coulés sur des bords étrangers,
Payèrent ses vertus et surtout son courage.
Souvent il demandait, sur un lointain rivage,
L'église où du Très-Haut il chantait les faveurs,
Où son discours sans art captivait tous les cœurs,
Le jardin qu'il planta, ses amis de l'enfance,
Son simple presbytère, et sa modeste aisance.
Hé bien, il les revoit ces objets désirés;
Son âme oublie alors tous les maux endurés,
Et, malgré leurs rigueurs et son sort moins prospère,
Il fait pétrir encor le pain de la misère.

Bientôt l'airain bruyant, dans les airs entendu,
Annonça du départ le moment attendu ;
Le hameau s'avançait partagé sur deux files.
Fuyez loin de ces lieux, faste brillant des villes :
Là ne se montraient pas ces tissus précieux ;
L'or, l'opale, l'azur n'y frappaient point les yeux ;
Des bouquets sans parfums, enfants de l'imposture,
N'y chargeaient point l'autel du Dieu de la nature ;
Et des puissants du jour l'orgueilleuse grandeur
N'y venait point du luxe étaler la splendeur.
Combien je préférais la pompe du village !
Modeste, sans apprêts, et même un peu sauvage,
Sa vue attendrissait le cœur religieux.
D'abord des laboureurs, vieux enfants de ces lieux,
Au front chauve attestant leur utile existence,
Sans ordre s'avançaient et priaient en silence.
Le cortège pieux, non loin, à mes regards
Se montrait précédé des sacrés étendards ;
Le feuillage bientôt le couvrit de son ombre.
Dans un sentier profond, asile frais et sombre,
La foule se pressait sur les pas de son Dieu,
Et de ses chants sacrés venait remplir ce lieu.
Devant le Roi des rois, sous ces vertes feuillées,
Les jeunes villageois de roses effeuillées

Sur la terre à l'envi parsemaient les couleurs ;
Et, mêlant son parfum à celui de ces fleurs,
L'encens, qui de Saba fit l'antique opulence,
Comme un nuage au loin qui dans l'air se balance,
S'élevait lentement et planait sur les champs.
Aux voix des laboureurs entremêlant leurs chants,
Les oiseaux s'unissaient à ces pompes rustiques ;
Et de son palais d'or embrasant les portiques,
Le soleil, couronné d'une immense splendeur,
Sur ces arbres touffus arrêtait son ardeur.

J'aimais, j'aimais à voir ce peuple des villages
Sous la feuille des bois ainsi qu'aux premiers âges,
Célébrant l'Éternel et lui portant ses vœux.
Ils ne demandaient pas, ces hommes vertueux,
L'éclat de nos palais, le luxe de nos villes,
Et nos plaisirs bruyants et nos grandeurs serviles.
« Bénissez, disaient-ils, nos troupeaux et nos blés ;
« Que nos enfants un jour, près de nous rassemblés,
« Sur l'hiver de nos ans répandent quelques charmes ;
« Que leur destin jamais ne provoque nos larmes ;
« Et, simples dans nos goûts, heureux d'être chéris,
« Toujours de nos vergers que nos cœurs soient épris. »

3

De sa pompe sacrée alors la troupe sainte
Du modeste hameau vient réjouir l'enceinte.
Quel spectacle touchant s'offrait à mes regards!
Retenus par les ans, quelques faibles vieillards,
Adorant l'Éternel au seuil de leurs chaumières,
Regrettaient leurs printemps et leurs forces premières.
Consolez-vous, vieillards; vos champs fertilisés,
Vos jours laborieux dans les travaux usés,
Votre âme qui, toujours fermée à la vengeance,
Consola le malheur, accueillit l'indigence,
De l'asile des cieux vous promet la douceur.
Mais déjà tout ici vous offre le bonheur;
Vos fils, à votre aspect redoublant d'allégresse,
D'un sourire d'amour charment votre vieillesse :
Ce sourire d'amour a calmé vos douleurs.
Au retour de la fête, au déclin des chaleurs,
Alors que l'horizon, moins brûlant et plus sombre,
Se bordera de pourpre, avant-coureur de l'ombre,
Et que le vent du soir glissera dans les bois,
Ils viendront, réunis devant vos humbles toits,
De l'amour filial épuiser les délices;
Leurs jeux s'embelliront sous vos heureux auspices,
Et du vieux patriarche, en ces jours enchantés,
Vous croirez retrouver les douces voluptés.

Je vous quitte : la fête à la suivre m'engage.
Non loin, couvert de lierre et rembruni par l'âge,
Un chêne vénérable étendait ses rameaux.
Là, dès le point du jour, les vierges des hameaux
Élevaient sous son ombre un trône de verdure ;
La mousse en longs festons en formait la bordure,
Le lis, aux deux côtés, balançait sa blancheur,
Et la rose, en bouquet, y montrait sa fraîcheur :
L'Éternel, sur ce trône orné par l'innocence,
Devait quelques instants reposer sa puissance :
A l'aspect de ces lieux, je sentis dans mon cœur
Couler d'un calme pur la secrète douceur,
Et ma pensée, alors tranquille et solitaire,
Pour un monde meilleur abandonnait la terre.
Alors, faisant cesser ce calme solennel,
Le hameau lentement environna l'autel.
Avec quel saint respect le pasteur du village,
Seul, et foulant les fleurs qui couvrent son passage,
Porte le Roi des rois et l'élève à nos yeux
Sous l'emblème immortel d'un pain mystérieux !
La foule tout à coup, prosternée en silence,
Du Roi de l'univers adora la présence.
Chacun crut que son Dieu descendait dans son cœur,
Non ce maître irrité, ce monarque vengeur,

Qui doit au dernier jour, s'armant d'un front sévère,
Au fracas de la foudre apparaître à la terre,
Et, juge sans pardon, au monde épouvanté
De ses arrêts divins proclamer l'équité;
Mais un Dieu tempérant tout l'éclat dont il brille,
Tel qu'un père adoré se montre à sa famille,
Accueillant l'infortune, et portant dans les cœurs
L'espoir d'un meilleur sort et l'oubli des douleurs.

Vers le séjour antique où se plaît la Prière
Le hameau dirigeait sa modeste bannière.
Quel groupe harmonieux, marchant confusément,
Non loin du dais sacré se montre en ce moment!
J'aperçois, de respect et d'amour entourées,
Les mères du hameau, de leurs enfants parées.
Tout sourit à leurs yeux dans ce jour de bonheur,
Et leurs yeux laissent voir les plaisirs de leur cœur.
Là, de jeunes beautés, de lin blanc revêtues,
Unissant à l'envi leurs grâces ingénues,
Semblent à l'œil charmé reproduire en ce jour
Ces anges embellis d'innocence et d'amour.
Toutes suivaient le Dieu que fêtait la nature;
Leur voix comme leur cœur ignorait l'imposture :

La Piété fidèle, aux charmes si touchants,
Par leur bouche exhalait la douceur de ses chants,
Et portés dans les airs jusqu'aux divins portiques,
Ces chants semblaient s'unir aux célestes cantiques.
Bientôt du temple saint le cortège pieux
En foule vient remplir les murs religieux,
Et bientôt commença l'auguste sacrifice :
Ce mystère d'amour qui rend le ciel propice,
Qui peut même des maux abréger la douleur,
Des pompes de ce jour termina la splendeur.

NOTE B.

A L'ESPÉRANCE,

PAR GUSTAVE DE LA RENAUDIÈRE.

Ange de l'espérance, envoyé sur la terre
Pour alléger nos maux, pour essuyer nos pleurs,
Endors le malheureux, fais-lui dans sa misère
  Rêver des jours meilleurs.

Souvent par le chagrin notre âme est épuisée,
Comme une pauvre fleur, par un soleil brûlant :
La fleur reprend la vie en buvant la rosée,
  Et l'âme en t'écoutant.

Tu nous promets l'amour, tu nous promets la gloire,
Tu marches devant nous un flambeau dans la main,
Et nous croyons toujours, tant il est doux de croire !
 Au bonheur de demain.

Demain, toujours demain, nous attendons sans cesse
Ce bonheur tant promis qui pourtant ne vient pas.
L'infortune est crédule, et l'homme, à ta promesse,
 Croit jusqu'à son trépas.

Mais qu'importe après tout ? béni soit ton mensonge !
Tu mens, et nous croyons ; le problème est trouvé.
Dans cette vie, hélas ! le bonheur n'est qu'un songe,
 Et nous avons rêvé.

SÉRÉNADE DE L'INCONNU,

PAR LE MÊME.

———✻———

Je suis bon gentilhomme ;
Cette nuit je me nomme
Le seigneur don Un Tel ;
Jeudi, j'étais don Sanche,
Et je serai, dimanche,
Don Carle ou don Miguel.

Si vous voulez connaître
Le lieu qui m'a vu naître,
Je dirai, sans façon,
Que c'est l'Andalousie,
Si ce n'est la Murcie,
Si ce n'est l'Aragon.

Ma maîtresse est jolie ;
C'est Rita, c'est Julie,
Isabelle, Anita.
— Or devinez laquelle ?
C'est peut-être Isabelle,
Mais peut-être Rita.

Ma voix n'est pas perdue,
Ma voix est entendue,
Et l'on dit quelque part :
« Il m'aime avec constance. »
On bénit ma présence,
On pleure mon départ.

A cette sérénade,
Messieurs de l'Embuscade,
Me reconnaissez-vous ?
— Chantant sous vos fenêtres,
Je me raille, mes maîtres,
De vos soupçons jaloux.

SAPHO,

PAR LE MÊME.

Amour, âme du monde, amour qui fus ma vie,
Pourquoi survivre, hélas! à ma beauté ravie
Et permettre à mes yeux des éclairs impuissants?
Quand ma jeunesse a fui, que ne l'as-tu suivie!
Amour, âme du monde, amour qui fus ma vie,
Éteins-toi dans mon cœur, éteins-toi dans mes sens.

Adieu, sonore écho de mon trop long délire,
Harmonieuse amie, adieu. Cesse, ô ma lyre,
De rendre sous mes doigts l'accord accoutumé.
Où l'amour n'est plus roi, que la chanson expire!
Adieu, sonore écho de mon trop long délire,
Tout chemin au bonheur m'est à jamais fermé.

Adieu, soleil, adieu, jeune et brillante année ;
Ciel et terre, fêtez votre ardent hyménée,
Chantez, oiseaux de l'air, sur la nature en fleurs.
Et vous, flots... recevez Sapho l'infortunée.
Adieu, soleil, adieu, jeune et brillante année.
Conduis-moi, blanche mort, au grand repos du cœur.

Elle était jeune encore, elle était encor belle,
Sapho l'infortunée, et Lesbos autour d'elle
Avait fête à l'entendre, avait fête à la voir ;
Mais un dédain d'amour est blessure mortelle,
Elle était jeune encore, elle était encore belle,
Un orage à midi la fit douter du soir.

Acqui, mai 1861.

NOTE C.

QUINZE JOURS HORS DE CHEZ SOI,

PAR FERDINAND DE LA RENAUDIÈRE.

BELGIQUE - HOLLANDE.

Au mois de juin 1873, nous étions conviés, à Liège, au mariage d'un mien cousin.

C'était une occasion trouvée de visiter la Belgique et la Hollande, et, comme l'année précédente nous avions fait le voyage d'Italie, de comparer à l'art italien celui des Flandres.

Des amis, de ceux dont le poète a dit :

Ces parents qu'on se fait soi-même,

et des parents, qui sont de vrais amis, se joignirent à nous. Il fut décidé qu'il serait tenu registre des quinze jours pendant lesquels nous avons vécu de la même vie. Voulez-vous juger si ce temps a été bien employé? Prenons le train du matin à la gare du Nord, nous serons à Liège à 3 heures de l'après-midi.

LIÈGE.

Nous ne sommes donc qu'à sept heures de Paris,
et n'était la douane, d'ailleurs peu exigeante, on
se croirait encore en France, notre langue étant
celle de la population tout entière. On la parle
sans accent et avec une certaine animation, surtout lorsqu'il s'agit de lui faire exprimer des pas-
sions politiques, — très vives en ce pays, — mais
qui ont l'incontestable mérite d'être tout d'une
pièce et de ne point s'égarer dans des subdivisions
et des sous-subdivisions : on est libéral, on est
clérical.

Il n'y a pas de place pour l'équivoque, je vou-
lais dire pour les groupes. Et cela s'étend loin.

Un exemple. Un libéral prend-il femme ? Il
convie à la mairie tous ses amis, revêt l'habit noir,
emprisonne ses mains dans des gants d'un point

au-dessous de celui qui lui est habituel, fait parer
les marches du grand escalier d'un tapis de haute
lisse, se présente la tête inclinée devant Monsieur
le bourgmestre, écoute d'un air recueilli les articles du Code qui enchaînent à jamais sa liberté,
prononce avec componction le *oui* municipal, dé-
pose dans un bahut placé au pied du bureau, et
qui simule un tronc à s'y méprendre, la pièce du
plus gros module que sa fortune lui permette, puis
se retire à reculons, donnant à Monsieur l'officier
civil des marques de son plus profond respect. Notre libéral arrive à l'église; il y entre comme chez
lui, ôte ses gants, se mouche bruyamment, se re-
tourne pour chercher dans l'assemblée quelqu'un
à qui sourire, et il sourit d'un air qui en dit gros.
Le prêtre parle, mais sans le toucher, car il n'est
pas et ne saurait être ému. Le mariage n'est qu'un
contrat. S'agit-il d'un clérical? Renversez les rô-
les. Pour lui, l'église est la mairie et le mariage
devient un sacrement.

Un point de rapprochement, un véritable terrain neutre, c'est la table; les deux partis y font

merveille. Et à ce propos, ne pas oublier, à l'hôtel de l'Europe, de demander de la soupe verte : c'est rafraîchissant comme la manne et nutritif comme un bouillon de bonne ménagère.

Le *Palais de Justice,* le seul monument civil à visiter, et l'un des plus beaux spécimens de l'art ogival, était la demeure des princes-évêques. Si l'histoire dit vrai, depuis Notger, évêque de Liège en l'an mil, jusqu'au prélat qui dut se retirer devant les armées triomphantes de la République française, les rapports entre maîtres et sujets ne cessèrent pas d'être tendus. C'est en quittant involontairement ce palais que Louis de Bourbon fit appel, pour y rentrer, à son oncle de Bourgogne, Charles le Téméraire. Cette maison de Bourgogne, si elle avait le cœur haut, n'avait pas la main légère. La sédition fut éteinte dans le sang, sous les yeux mêmes du roi Louis XI, qui n'y était pas tout à fait étranger et que traînait à sa suite son bon cousin Charles, après lui avoir fait à Péronne

Passer trois de ces nuits qu'avec peine on pardonne.

Walter Scott a peint, dans son *Quentin Dur-*
ward, avec une si énergique vérité le caractère de
la lutte, la physionomie des acteurs, les ressorts
de la politique et la terrible vengeance que tira le
Sanglier des Ardennes de cette destruction mé-
thodique et impie d'une ville et d'un peuple, que
l'histoire a fort à faire lorsqu'elle veut reprendre
ses droits. Pour en finir avec les conquérants,
Liège a été pris, perdu, repris par les Français :
autant en arriva au duc de Malborough.

Mais une ville qui a la Meuse pour ceinture se
relève facilement de ses ruines, et promptement.
Cette Meuse, que nous retrouverons bientôt en
Hollande plus occupée et plus active, sert, avec
l'Ourthe, sa tributaire, de chemin et de force mo-
trice à des établissements industriels de la plus
haute importance, tels que Séraing et la Vieille-
Montagne, et aussi à de nombreuses fabriques
d'armes recherchées dans toute l'Europe.

L'église Saint-Paul, la cathédrale, dont la voûte
est couverte d'arabesques d'un effet plus bizarre
qu'heureux, est citée comme la plus belle des

églises de Liège. Pas de regrets de n'avoir point fait connaissance avec les autres.

A Liège finit le pays plat. On aperçoit à l'est, dans la direction du Luxembourg, des collines boisées d'un aspect riant et gracieux, et tout vous invite à vous promener hors des murs.

BRUXELLES.

C'était le jour de la Fête-Dieu. Les deux grands partis étaient en présence ; mais, comme depuis plus de six ans les cléricaux sont au pouvoir, et avec une majorité écrasante, la procession se déploie à travers la ville, accompagnée par les carabiniers royaux, le bouquet au fusil en guise de baïonnette, et par la musique du régiment du comte de Flandres. Si les libéraux émargeaient au budget, le bon Dieu courrait grand risque de n'avoir que sa seule escorte de fidèles.

Bruxelles n'est pas une ville de plain-pied. Le rez-de-chaussée est la cité du vieux temps, et non la moins curieuse, avec son hôtel de ville, ses maisons espagnoles du seizième siècle et ce qui reste encore d'activité commerciale. A

l'étage supérieur, la ville moderne, appartenant
de droit à messieurs des ponts et chaussées,
peuplée de belles maisons à cinq étages, con-
çues par une même pensée, pour une même
destination. On a souvent répété que Bruxelles
est un pastiche de Paris. — Paris a été travaillé,
remanié, bichonné par une main habile en vue
des besoins et des goûts de la société moderne.
Toute cité en voie de transformation doit donc le
copier : rien de plus simple.

Le *Parc* est une jolie promenade au centre de
la ville haute, qu'entourent les palais du roi et de
la nation (sénat et Chambre des députés), et les
hôtels des ministères. Cette agglomération facilite
les démarches des solliciteurs.

De larges *boulevards,* plantés de quatre ran-
gées d'arbres, forment l'enceinte de la ville.

C'est une de ses vraies beautés. Le nom de Waterloo, donné à l'un d'eux, m'a désagréablement
affecté. Que diable les Belges ont-ils fait à Waterloo ? Ils ont prêté la salle, voilà tout.

Encore à l'instar de Paris, une charmante promenade *extra muros,* le *bois de la Cambre,* reste ombreux d'une très ancienne forêt. Un disciple de M. Alphand en a opéré la transformation. Pièces d'eau, cascades, allées pour les piétons, allées pour les cavaliers, allées pour les voitures, points de vue habilement ménagés, pavillons de repos, chalets de consommation, rien n'y manque. Très bonne copie de notre bois de Boulogne ; médaille de première classe.

Le *Jardin zoologique* mérite une recommandation spéciale ; il est, comme le Jardin botanique, le rendez-vous de nombreux promeneurs ; les ours y font, comme ailleurs, la joie des bonnes d'enfants et de messieurs les militaires.

En parcourant la ville de çà, de là, vous ne serez pas sans traverser la place du Congrès. Au centre, une haute colonne, élevée à la plus grande gloire des héros de septembre 1830, rappelle aux Belges le droit à l'insurrection ; il est vrai que ceux-ci ont le bon esprit de n'en pas user ; et puis, vraiment, le roi Léopold leur devait bien cela.

L'*Hôtel de ville* est l'édifice le plus imposant

et assurément le plus intéressant de Bruxelles. Il forme l'un des côtés de la grande place (aujourd'hui place du Marché), et a pour vis-à-vis la Maison du roi, construite en 1514 pour Charles-Quint.

La flèche qui le surmonte a 91 mètres d'élévation. Rien de plus hardi, de plus gracieux, de plus svelte. Deux d'entre nous ont voulu faire l'ascension et sont redescendus émerveillés du panorama qu'ils avaient eu sous les yeux.

A l'intérieur, quelques salles d'une décoration riche, mais lourde; exception toutefois pour celle où se tenaient les états de Brabant, dont le plafond est admirablement peint par Janssens, et les murs couverts de magnifiques tapisseries des Gobelins, encadrées dans des bordures de bois doré d'un très bon style.

Presque toutes les maisons qui bordent la place ont été construites par ces puissantes corporations de métiers, si attachées à leurs droits politiques et à leurs privilèges. La décoration en est fort curieuse, celle surtout des Bateliers

et des Brasseurs, qui symbolise leurs indus-
tries.

De 1409 à 1565, la Grande-Place vit de nombreux et brillants tournois. De vaillants chevaliers y combattirent, Philippe le Bon et deux
cent trente-cinq chevaliers, Charles-Quint, Eve-
rard de la Marck, comte d'Arenberg, et, en 1545,
celui qui devait s'appeler Philippe II y vint
disputer le prix de la lance en l'honneur des
dames et gagna un rubis. Mais les tournois ne
pouvaient être longtemps le charme du sombre
roi d'Espagne, et l'échafaud se dressa dans cette
même arène pour plus d'un qui lui faisait ombrage.
Le 1er juin 1568, le duc d'Albe fait décapiter
dix-huit gentilshommes; le 5, ce fut le tour des
comtes de Horn et d'Egmont. Je n'ai jamais eu
un bien grand entraînement pour ce dernier, ce
comte sans tête, comme ne savait pas si bien dire,
en le quittant, son ami Guillaume le Taciturne,
ce *prince sans terre.* Sa fidélité au roi d'Espagne,
qu'il invoqua jusqu'au dernier moment, m'est sus-
pecte et n'a point de grandeur. Je l'eusse aimé

mourant pour la liberté des Flandres et s'en faisant gloire jusque sur l'échafaud.

Comment comprendre, en effet, que le duc
d'Albe ait, de gaieté de cœur, privé son maître
d'un bon et loyal serviteur, et légitimé pour ainsi
dire la révolte par la pitié que ne pouvait man-
quer d'exciter une cruauté inutile? Gœthe et
Beethoven se sont inspirés de cette mort tragique ;
cette inspiration nous a valu de beaux vers et de
touchants accents.

On ne peut quitter la ville basse sans porter
ses hommages au *Mannken Pis*, statuette-fon-
taine de Duquesnoy, qui laisse couler un filet
d'eau d'une manière à le faire reléguer dans quelque musée secret. Les Bruxellois sont très fiers
de ce petit indécent.

Les palais du Roi et de la Nation répondent-
ils à ce qu'on attend d'eux pour les fêtes et ré-
ceptions, et pour les lois de l'acoustique? Peut-
être ; mais, comme architecture, ils ressemblent
à tout et à rien. Les débats des Chambres se font
en français, le flamand n'étant guère usité que

dans le bas peuple. Je conseille aux candidats politiques de ne pas le négliger, surtout à Anvers
et dans la province du Limbourg. Aussi bien,
cette langue très gutturale n'est peut-être pas sans
charme. Un savant en *us*, Van Gorp, affirme
qu'elle aurait été celle de nos premiers parents
dans le Paradis terrestre. Le célèbre évêque d'A-
vranches, Huet, a recherché l'emplacement de cet
Éden, et voici la langue retrouvée. O science !

Église Sainte-Gudule. — A l'extérieur, ses
deux tours carrées lui donnent un faux air de
Notre-Dame de Paris. Entrez, et vous laisserez bientôt vos comparaisons. Ne vous attardez pas devant
cette masse de bois équarri qui soutient la chaire,
et qui a la prétention de représenter Adam et
Eve, chassés du paradis terrestre par un ange et
poursuivis par la Mort. Allez droit aux chapelles du
Saint-Sacrement et de Notre-Dame de Délivrance,
latérales au chœur, où se trouvent de magnifiques
verrières d'une conservation parfaite. Elles furent
exécutées, celles de la chapelle du Saint-Sacrement au XVIe siècle, par Jean Haeken, d'Anvers,

sur les dessins de Michel Coxie et de Van Orley;
celles de Notre-Dame, un siècle plus tard, par
Jean de la Baer, encore un artiste anversois, sur
les dessins de Van Thulden. Ces derniers vitraux
représentent des épisodes de la vie de la Vierge;
les autres, la légende des hosties volées, percées
par une main sacrilège et miraculeusement retrou-
vées. Le malheureux Jonathas, qui fut accusé de
ce crime, était, dit-on, un Juif fort riche. — On
ne chercha pas ses complices parmi les plus pau-
vres de ses coréligionnaires. Le feu fit justice du
crime; point n'est besoin d'ajouter que leurs biens
furent confisqués.

Le *Château de Laeken* est, pour le roi des Belges, ce qu'était Neuilly pour son aïeul maternel,
un sanctuaire de la vie de famille et du bonheur
domestique. Si vous tenez à le visiter, que ce soit
dans une pensée de recueillement; mais n'oubliez
pas qu'il faut vous procurer une permission bien
en règle à Bruxelles : le concierge n'ayant rien
de commun avec Maître Petit-Jean.

Le musée de Bruxelles est riche; mais, bie

qu'il y existe une suite de peintures de la première époque jusqu'aux grands jours de l'art
flamand, on ne saurait faire ici une étude complète et approfondie. Rubens, Van Dick n'y sont
pas suffisamment représentés.

Voici au hasard quelques noms de peintres,
dont les œuvres méritent une mention particulière :

Breughel (Prédication de saint Norbert, grou-
pe de moines); Bol (Vieillard en méditation);
Gérard Dow (le peintre dessinant un Amour de
Duquesnoy); Van Eyck (Adam et Ève); Hals (un
Maître d'Armes); Hondekœter (Poule blanche);
Holbein (Portrait de Thomas Morus); Jordaens
(le Satyre et le Paysan et Allégorie des travaux
de l'Automne); Mabuse (Jésus chez Simon);
Mostaert (Épisode de la vie de saint Benoît);
Van Orley (Histoire de Job); Rubens (Têtes de
Lions) et quelques tableaux d'église, peintures
décoratives); Steen (l'Hôtellerie); Téniers (le
Médecin de Village).

La *Collection du prince d'Arenberg* est curieuse à visiter. Elle se compose d'une centaine

de toiles de maîtres bien choisies et dont quelques-unes sont tout à fait hors ligne, par exemple le Portrait d'un Buveur, par Frans Hals; une
Halte militaire, par Wouwermans; la Vue d'un
quai d'Amsterdam, par Van der Heyden, avec
figures, par A. Van de Velde; Tobie rendant la
vue à son père, par Rembrandt, et enfin une œuvre
drôlatique par excellence : les Noces de Cana,
par Jean Steen. Il ne faut pas voir ici une idée
de satire. Le miracle qu'il va peindre, Steen le
comprend en brasseur, en cabaretier et surtout
en buveur, et pour faire honneur à ses amis, à la
rouge trogne, il les place tous auprès de Jésus et
s'assied parmi eux, avec sa femme et son enfant.
Steen était bon catholique; cela répond à tout.

LOUVAIN.

Il est onze heures, et nous sommes à la recherche d'une auberge. En ce pays, ce n'est pas,
paraît-il, l'heure du berger pour se mettre à table.
Force est donc de faire taire la bête pendant les
soixante minutes qui sont réclamées par le chef
de la restauration. C'est juste le temps nécessaire
pour visiter Louvain dans son entier, c'est-à-dire
l'*hôtel de ville* et la *cathédrale*.

Construit par Mathieu de Layens, de 1448 à
1459, aux frais des corporations des métiers,
l'hôtel de ville rappelle, dit-on, l'Alhambra. La
division par trop régulière des étages et la ré-
pétition presque constante des motifs d'ornementation jettent un peu de monotonie sur l'ensemble
de l'édifice, qui, sortant de terre tout armé de
sculpture, semble avoir laissé sa base dans la cave.

Ce n'est pas moins une merveille, et peut-être le plus remarquable spécimen du style ogival fleuri.

On remarque, dans la pièce dite le Cabinet du roi, une Résurrection d'Otto Vénius et une toile de Gaspard de Crayer, représentant un ange guidant deux jeunes princes. Aimable allégorie qui ne persuade pas toujours les peuples.

L'église Saint-Pierre, bâtie au XVe siècle, présente un ensemble des plus harmonieux; mais l'intérieur l'emporte de beaucoup sur l'extérieur.

Un beau jubé, de style gothique flamboyant, sépare le chœur de la nef. En considérant le fini du travail et la délicatesse des sculptures, nous ne pouvions croire que ce fût du marbre qui eût ainsi obéi au ciseau de l'artiste. Notre opinion, exprimée tout haut, a soulevé une grande colère chez le sacristain, que nous avons apaisé en lui démontrant que notre erreur était à la plus grande gloire de son jubé.

En avant du chœur, un lustre en fer forgé, attribué à Quintin Massys, le maréchal ferrant,

dont l'amour devait faire un peintre remarquable.

La chaire est dans le goût de celle de Sainte-
Gudule; mais un travail incomparable de bois
sculpté est le tabernacle placé à côté du maître-autel. Sa flèche, haute de trente-cinq pieds,
semble une dentelle à jour. Dans les chapelles,
des œuvres de Quintin Massys et de Stuerbout.

L'université de Louvain a été célèbre au siècle
dernier. Supprimée en 1793, elle a rouvert ses
portes en 1815. On ne dit pas que ce soit aujour-
d'hui un titre d'y avoir vécu les plus belles années
de sa vie; mais Louvain a toujours sa bière qui
n'a pas démérité.

MALINES.

Que n'a-t-elle toujours été une ville ouverte!
Depuis 1300 jusqu'en 1804, elle fut pour son
malheur enfermée dans un cercle de pierres. Or,
comme chacun sait que les fortifications sont
aux armées ce que les paratonnerres sont à la
foudre, Malines eut tour à tour à subir les con-
voitises, — lisez les chocs, — des ducs de Brabant,
des évêques de Liège, des Français, des Espagnols,
des Anglais, voire même des Hollandais. A ce
jeu sanglant, trop longtemps prolongé, les métiers
ont cessé de battre, et les rues sont devenues
désertes. Au milieu de la Grande-Place s'élève
la statue de Marguerite d'Autriche,

La gente demoiselle,
Qu'eut deux maris et si mourut pucelle.

5

Philibert le Beau, duc de Savoie, se chargea
de faire mentir cette épitaphe, composée par
Marguerite au milieu d'une tempête, et qui rap-
pelait ses doubles fiançailles avec le Dauphin,
qui fut Charles VIII et avec l'infant d'Espagne,
frère aîné de Jeanne la Folle.

Église Saint-Rombaud. — Le badigeon exerce
ici tout son empire. Des statues d'apôtres, placées
au-devant des piliers de la nef, rappellent cer-
taines décorations du même genre dans quelques églises d'Italie.

Un Crucifiement de Van Dyck vous récompense
largement des cinquante centimes que prélève
sur chaque visiteur le sacristain pour découvrir
cette admirable toile.

Église Saint-Jean. — Dans cette église est
l'une des œuvres les plus magistrales de Rubens,
un triptyque dont le panneau central représente
l'Adoration des Mages.

Église Notre-Dame. — Toujours Rubens, et

dans sa splendeur. Ici c'est la Pêche miraculeuse, peinte pour la corporation dos poissonniers. Pas trop bêtes, n'est-ce pas, ces bourgeois qui se payaient des Rubens!

DE MALINES A ANVERS.

Pays plat, facile au railway. Il faut dormir ou causer. Nous avons causé avec un homme qui nous a paru sage. Il était officier, non supérieur, et il voulait la hiérarchie; il aimait son pays et ne trouvait pas extraordinaire que le trône fût occupé par un prince de Saxe-Cobourg, puisque ce prince y avait été régulièrement appelé.

Il disait aussi qu'un État ne peut se passer d'impôts et qu'il est bon qu'un ministre des finances ait toujours l'œil ouvert pour en découvrir; enfin il soutenait le principe d'autorité dans cette juste mesure qui le fait désirer comme tutélaire par les bons et craindre par les méchants.

« Mais il n'était pas Français! »

ANVERS.

L'histoire d'Anvers est, à peu de chose près, celle de toutes les villes de Belgique.

Jusqu'en 980, elle appartient à la France, passe avec la Lorraine à l'empereur Othon II, et est érigée en marquisat de l'empire; puis elle entre dans la maison de Bourgogne par le mariage de Marguerite avec Philippe le Hardi, pour en sortir par l'union de la fille du duc Charles avec Maximilien et rester enfin pendant plus de trois cents ans sous la domination allemande. Les malheureux peuples ont dû payer bien des droits de transmission ou de joyeux avènement.

Au XVIᵉ siècle, l'abaissement de Bruges, que désertent pour Anvers les négociants des villes hanséatiques, fait de cette ville l'un des entrepôts les plus considérables du monde,

Des corporations nombreuses de métiers s'y fondent et y acquièrent d'immenses richesses. Bientôt cette prospérité va disparaître. Les guerres de religion commencent cet abaissement.

Il ne paraît pas qu'à Anvers la stabilité dans la foi ait jamais été bien forte, et que le christianisme, prêché en 641 par saint Amand, et, quelques années plus tard, par saint Éloi, ait poussé de bien profondes racines, puisque saint Norbert dut recommencer l'œuvre au XIIe siècle. Les doctrines de Luther, qui signifiaient émancipation aussi bien dans l'ordre politique que dans l'ordre spirituel, trouvèrent à Anvers un terrain bien préparé. Ce double mélange de foi était difficile à forcer. Philippe II était tenace, mais de même que les tarifs trop élevés font naître et fleurir la contrebande, ainsi la politique impitoyable de ses lieutenants appela les résistances désespérées et les revanches également cruelles; le pillage et l'assassinat, c'est-à-dire la guerre des Gueux des bois et de la mer. Ce fut une terrible journée pour Anvers que celle du 4 novembre 1576, où révoltés et soldats d'Espagne se donnèrent la main pour piller la ville. Dans les fastes sanglants de l'histoire, on l'a nommée la Furie espagnole.

En 1648, Anvers était en pleine décadence. La fermeture de l'Escaut exigée par les sept Provinces-Unies consomma sa ruine, et elle s'éteignit comme s'était éteinte Bruges, sur les ruines de laquelle elle s'était élevée. Cette belle route de l'Escaut devait rester fermée pendant un siècle et demi. Une autre paix, celle de la Haye, en 1795, devait lui rendre la liberté. Napoléon, l'œil toujours fixé sur l'Angleterre, voulut en faire un port militaire de premier ordre. Il fit exécuter d'immenses travaux, insuffisants aujourd'hui pour les besoins de la marine marchande.

Église Notre-Dame. — La base entière de l'édifice est entourée de maisons. Il faut se placer à une certaine distance pour apercevoir sa tour, haute cependant de cent vingt-trois mètres et d'où l'on a, dit-on, un horizon de douze lieues. Je n'y suis point allé voir.

L'intérieur de la cathédrale est d'une simple

et mâle beauté. Sept nefs, à l'aspect imposant, la divisent, et, à l'intersection de la nef centrale, s'élève une vaste coupole. Les stalles du chœur, de style gothique, sont d'un bon travail. Dans la chapelle du Saint-Sacrement, on remarque une table de communion en marbre blanc.

C'est dans ce magnifique vaisseau, en avant du chœur, que se trouve le plus populaire des chefs-d'œuvre de Rubens, la Descente de Croix; et dans les chapelles, une Assomption, la plus belle des Assomptions peintes par lui, et encore une Élévation en Croix de ce grand maître.

Les élèves de Leys y sont représentés par un Chemin de la Croix, suite de peintures murales d'un très bel effet.

Les autres édifices religieux d'Anvers n'offrent rien de remarquable quant à l'architecture; mais dans l'église Saint-Paul, il faut admirer un Christ en Croix, de Van Dyck; un Crucifiement, de Jordaens, et une Flagellation, de Rubens.

Dans l'église Saint-Augustin, un Portement de Croix, de Van Dyck; le Martyre de sainte Appo-

line, de Jordaens, et le Mariage de sainte Catherine, de Rubens.

Enfin, dans l'église Saint-Jacques, la chapelle
où se trouvent les restes de Rubens, au-dessus du
maître-autel, une œuvre admirable du grand maître, la Vierge, l'Enfant-Jésus et des Saints. Rubens avait rapporté d'Italie une très belle statue
en marbre de la Vierge, par Duquesnoy. Elle
veille encore sur son tombeau.

Hôtel de ville. — Masse lourde, sans être im-
posante. Dans l'une des salles, peintures murales
de Leys. Une grande cheminée monumentale mérite une attention particulière : c'est l'invasion de
l'art italien dans les Flandres.

Musée. — Le génie flamand, on pourrait dire
plus justement anversois, se montre ici dans toute
sa splendeur; Rubens y est représenté par vingt-
deux tableaux; Van Dyck, par cinq; Quintin Massys, par son Ensevelissement du Christ, — tous
des chefs-d'œuvre. — L'Italie devait avoir une
grande influence sur de tels artistes. C'est à leur
retour, après avoir contemplé, étudié les pages

immortelles des Raphaël, des Michel-Ange, des
Paul Véronèse, des Dominiquin, que Rubens et
Van Dyck produisirent leurs œuvres les plus par-
faites, s'étant comme imprégnés de l'Italie, mais
sans y laisser leur originalité. Les vins qui font
le voyage de l'Inde sont, au retour, plus délicats,
leur parfum est plus suave et aussi pénétrant, mais
c'est à la condition qu'au départ, leur qualité soit
excellente.

D'ANVERS A ROTTERDAM.

La plaine, toujours la plaine, des moulins à vent, toujours des moulins à vent, à rendre plus complètement fou le bon Don Quichotte. Enfin voici le Moerdyck, large bras de la Meuse, grossie du Waal, la plus importante des quatre branches du Rhin. On traverse cette petite mer sur un pont tubulaire en fer, d'une hardiesse incroyable. Ce serait à donner le vertige, si les yeux, se détachant de l'abîme, ne se portaient avec ravissement sur les rives verdoyantes de cette puissante rivière que nous avions laissée jeune fille à Liège.

Avant l'établissement du pont, on prenait ici le bateau pour Rotterdam. Ce devait être un délicieux voyage, si toutefois on n'avait pas le mal de mer, la Meuse étant très impressionnable à la marée.

Laissant à gauche Dordrecht, célèbre par son synode plus politique que religieux, où éclata la haine de Maurice contre Barneveldt, et passant devant Delft, la ville des faïences, on arrive bientôt en face de Rotterdam. Le pont sur lequel on doit traverser la Meuse n'étant pas encore achevé, il faut, quoi qu'on en ait, prendre le bateau; mais quelques minutes suffisent pour atteindre la rive opposée.

ROTTERDAM.

C'est une ruche, tout le monde y travaille;
celui qui se repose est malade, celui qui flâne, un
étranger. Ici commence cette uniformité de cons-
tructions en briques, particulière à la Hollande.
Si ces briques n'étaient peintes, on s'expliquerait
difficilement comment elles pourraient résister au
lessivage perpétuel dont elles sont l'objet et que
par euphémisme on décore du nom de propreté.

La ville est coupée par un grand nombre de
canaux qu'alimente la Meuse et qui, comme elle,
sont bordés par de larges quais, où s'étalent au-
dacieusement des milliers de tonneaux de pétrole.
Rotterdam est, avec Amsterdam, le grand entrepôt
de ce produit si cher à messieurs de la Commune.

La grande Église, édifice gothique, était autrefois sous le vocable de Saint-Laurent. Elle est

aujourd'hui affectée au culte protestant, c'est-à-dire à l'absence de culte. On y est comme dépaysé.

Le Parc (il y a partout des jardins en Hollande), est une jolie promenade de création moderne.

Le Musée est, lui aussi, de formation récente; mais comme un cellier qu'on remplirait de vins vieux et de choix. C'est un legs fait à sa ville natale par le conseiller Otto Boymans. La ville a conservé au musée le nom de son fondateur. Ce musée est riche par les noms très authentiques des maîtres, mais non, à très peu d'exceptions près, par la qualité de leurs œuvres. Vous admirerez cependant un Enfant au costume jaune, de Bol; le Portrait d'un historien, de Hals; une Marine, de Backuysen; un Mangeur de moules, de Cuyp, et la Fête de Saint-Nicolas, de Steen.

Nous ne pouvons partir sans saluer le grand Érasme. Rotterdam l'a vu naître; aucune ville ne peut lui disputer cet honneur. Sa patrie lui a élevé une statue, mais ceci n'est point défendu

aux autres cités néerlandaises, et il n'en est pas
une qui n'ait son Érasme en marbre ou tout au
moins en bronze. On peut même affirmer qu'un
architecte qui, dans le plan d'une ville nouvelle,
n'aurait pas réservé un honorable emplacement
pour cette gloire nationale, serait impitoyablement
rejeté du concours.

Le plus grand nombre des ouvrages d'Érasme
a trait à des controverses religieuses, qui, même
si elles étaient lues, n'auraient plus aujourd'hui
le pouvoir de passionner les esprits, ce qui n'est
pas dommage, quoique les débats qui les rempla-
cent ne valent pas beaucoup mieux. — L'*Éloge
de la Folie* a survécu. C'est une satire dirigée
surtout contre les ordres mendiants. Ceux-ci se
plaignirent au Pape; mais le Pape ne se sentait
pas attaqué et il aimait les choses finement dites.
Les battus en furent pour leur requête.

LA HAYE.

C'est depuis 1600 la résidence des souverains ; une vraie capitale, triste à la façon de Versailles, quoique très peuplée. Le Hollandais riche s'y retire comme dans un fromage. On dit que dans un temps peu reculé, il y eut un roi qui eut une favorite, toujours à l'instar de Versailles, et que cette favorite fut bien rentée, par suite de l'ignorance, vraie ou feinte, du roi en matière de pétrole.

La reine a pour demeure particulière, au milieu du Bois, vaste et beau parc confinant à la ville, une sorte de petit château qui rappelle Trianon. Dans les petits pots, les bons onguents. Rien de plus élégant et de meilleur goût, que la décoration des diverses pièces intimes : celle surtout du salon de famille, tendu en étoffe du

Japon, brodée en relief, avec un ameublement splendide de vieux laque. Pourquoi faut-il, à toute habitation royale, une salle officielle ? Cette salle est ici tapissée, tout à l'entour, des hauts faits mis en peinture du stathouder Frédéric-Henri, et a pour plafond une grande diablesse d'allégorie à laquelle j'avoue n'avoir rien compris.

Le *Binnenhoff* est le nom donné à une agglomération de bâtiments d'époques différentes appliqués à des services publics. C'est là, qu'à l'âge de 71 ans, le 5 juin 1619, fut décapité Barneveldt, le négociateur de la paix entre l'Espagne et les Provinces-Unies, paix qui contrariait l'ambition de Maurice de Nassau. En poursuivant de sa haine le sage républicain et en l'assouvissant par un assassinat juridique, Maurice a souillé sa mémoire.

Soixante ans plus tard, la politique orangiste faisait encore deux victimes, les frères de Witt. Cette fois, c'est à l'émeute qu'elle eut recours. Ce même peuple qui avait applaudi à l'Édit perpétuel, qui écartait des affaires les princes de la

6

maison d'Orange, se soulevait à leur voix, et le Grand Pensionnaire et son frère, accusés de crimes imaginaires, étaient traînés au Binnenhoff et littéralement assommés par une foule en démence. La mémoire des frères de Witt est restée pure, mais leur élévation et leur supplice sont un exemple de plus à enregistrer de la versatilité du peuple et des dangers de son amour.

Musée de peinture. — Très nombreuse collection des maîtres hollandais, dont l'étude, si elle est commencée ici, peut se poursuivre et s'achever à Amsterdam, ces deux musées possédant la fleur du panier : celui de la Haye : la Leçon d'anatomie, de Rembrandt, et le Jeune Taureau, de Paul Potter; celui d'Amsterdam : la Ronde de Nuit, de Rembrandt, et le Banquet de la Garde civique, de Van der Helst. Ces quatre chefs-d'œuvre, que la gravure a popularisés, et dont les sujets sont connus dans leurs moindres détails, peuvent être mis en comparaison, — abstraction faite des objets qu'ils représentent, — avec tout ce que l'art de la peinture a produit de plus parfait.

Les productions de l'école hollandaise sont, en général, de petite dimension. — Le choix des sujets n'a point préoccupé leurs auteurs. Tout pour eux est matière à tableau : une scène de la nature ou d'intérieur ; une occupation de métier, voire la plus insignifiante ; mais ce qui distingue ces copistes, éminemment réalistes, c'est une patience qui ne se dément jamais dans leur incubation créatrice, et c'est avec la loupe qu'il faut examiner leurs ouvrages.

Aux deux grands noms cités plus haut, il faut joindre ceux de Steen, d'Ostade, de Téniers, — groupe à l'allure commune ; de Terburg, de Mieris, de Gérard Dow, — les élégants ; de Ruysdaël, de Van de Welde, de Claude Lorrain, presque des poètes, et surtout de Wouwermans, avec son merveilleux Chariot de foin.

Le musée royal de curiosités se compose principalement d'objets usuels ou rares fabriqués au Japon : les souverains de ce pays envoyaient ces cadeaux tous les cinq ans au chef du gouvernement de la Hollande, la seule nation européenne qui,

jusque dans ces derniers temps, y ait été admise.
Le catalogue a plus de sept cents numéros.

La collection des médailles et camées m'a sem-
blé très complète et bien classée. Les conservateurs
de ce musée, ainsi que ceux de la bibliothèque,
riche en livres rares et en manuscrits à miniatures,
se sont montrés pleins de courtoisie dans l'exhi-
bition de ces objets, dont le public en France est
généralement tenu à une distance respectueuse.
Voir notamment le camée représentant l'Apothéose
de Claude, qui rappelle le grand camée de Naples,
pour la dimension, la beauté de la matière et le
fini du travail.

Pour un Français, la collection du baron
Steengracht a une saveur toute particulière : ce
baron est un éclectique qui ne met point de fron-
tières à ses fantaisies, et les premiers tableaux
qui frappent votre vue sont un Décamps : Enfants
effrayés par les aboiements d'un chien; un Gé-
rôme : le Désert; un Meissonnier : la Partie de
cartes, un petit chef-d'œuvre. Eh bien! vrai,
cela fait plaisir, on sent comme un souffle de la

patrie. Les œuvres indigènes ont été, elles aussi, choisies avec un goût parfait, et elles sont signées des noms de Rembrandt, Paul Potter, Terburg, Metzis, Gérard Dow, Ostade, Wouwermans, Teniers.

A 4 kilomètres de la Haye, se trouve le petit port de Scheveningen, très fréquenté pendant la saison des bains, le Hollandais ayant trop l'amour du lavage pour ne pas l'appliquer à sa personne. Le site est triste; tristes sont les indigènes : ce ne sont que dunes à perte de vue : on s'attend à mieux en suivant, depuis la Haye, la route ombreuse qui y conduit, et qui est bordée de charmantes villas.

Charles II s'embarqua à Scheveningen, avec l'aide des habitants, pour aller reconquérir son royaume. Douze ans plus tard, il faisait bombarder ce petit port; la politique ne comporte pas la reconnaissance.

AMSTERDAM.

Heureux les peuples qui n'ont pas d'histoire !
Avant César, les Bataves étaient heureux, à cela
près du logement et d'une nourriture ichtyopha-
gique peu succulente; à cela près encore des petits
forfaits commis par les druides au fin fond du
bois de Badahuenna et de la grande forêt d'Her-
cynie, qu'on mettait huit jours à traverser. Qui
a pu pousser les Romains à s'emparer de ce coin,
qui n'était ni terre ni eau? Le génie même de la
conquête qui, comme le grenadier de la garde,
crie toujours : En avant !

Les Bataves, en gens pratiques qu'ils étaient
déjà, comprirent bien vite que le plus simple
était de devenir les alliés des Romains. Aussi les
perd-on de vue pendant six siècles encore. Mais
après Charlemagne et la division des terres en

fiefs, qui furent la suite de ses institutions, nous trouvons le peuple batave, trop protégé sans doute, bataillant avec les comtes de Flandre, les évêques de Liège, les barons de tous pays ; mais enfin, il avait une histoire.

Pour Amsterdam, l'histoire commence en 1277 par un de ces cataclysmes qui changent la configuration des États. L'Océan, grondant un jour plus que de coutume, envahit le lac Flévo, qui devint le Zuyderzée. L'Amstel refoulé fut endigué, et à l'abri de cette barrière s'éleva une ville dont le nom indique nettement son origine et sa situation (digue de l'Amstel, Amstel-dam).

De l'hôtel, des plus recommandables, où nous sommes descendus, on a vue sur le fleuve. Ainsi que la Meuse à Rotterdam, l'Amstel est chargé de fournir à l'alimentation des nombreux canaux qui sillonnent la ville, et ne servent guère qu'au transport des marchandises. C'est un roulage très actif.

Entièrement construite sur pilotis comme Venise, Amsterdam n'a que ce seul point de ressem-

blanche avec la perle de l'Adriatique. Un soleil pâle,
des temples tristes, nus et froids ; point de palais,
des maisons uniformes, véritables demeures dé-
mocratiques, en ce sens qu'elles ne sauraient exciter l'envie du voisin, du moins quant à l'extérieur ;
des gens qui vont à leurs affaires, et qui, s'ils
vont à leurs plaisirs, semblent aller à leurs affaires ;
les beaux-arts sous clé, et comme enfouis dans
des prisons ; le luxe du dehors, sinon proscrit,
absent de par l'usage, comme il l'était à Sparte
de par la loi, les fleurs exceptées. Doivent-elles à
la difficulté vaincue, à la victoire sur le climat,
leur droit de bourgeoisie ? Je l'ignore ; mais elles
s'étalent orgueilleusement dans de magnifiques
jardins publics dont le Hollandais est très fier,
parce qu'ils flattent sa vanité nationale.

La ville se développe sous la forme d'un crois-
sant dont la base est l'Y (prononcez *aï*), golfe
étroit que forme la queue du Zuyderzée. Deux
grandes digues, munies d'écluses colossales, protè-
gent son port à l'est et à l'ouest. Le Zuyderzée
étant à peine navigable, un canal fut creusé en

1819, aboutissant au Helder et à l'île du Texel ; mais cette route (elle a 60 kilomètres) a été jugée trop longue, et bientôt un nouveau canal, prenant naissance en face d'Amsterdam, retrouvera également la mer du Nord, mais après un parcours de 24 kilomètres seulement.

Et tout cela pour se faire la main, car l'objectif de tout bon Hollandais est de rayer des cartes géographiques le nom même du Zuyderzée, pour le convertir en polders, — bien entendu. Le succès qui a couronné les immenses travaux de desséchement de la mer de Harlem est d'un bon augure pour ce gigantesque projet.

Point d'églises à visiter. Un grand nombre de temples protestants, aussi nus à l'intérieur qu'à l'extérieur.

Nous n'avons pas vu, et nous avons eu tort, un établissement fort important et unique, dit-on, dans son genre, pour la *taille du diamant*. L'exposition de 1867 nous avait montré un spécimen de ce travail, et nous nous en sommes contentés.

Presque tous les ouvriers sont israélites. — On en porte le nombre à 10,000.

La ville d'Amsterdam renferme plusieurs maisons de bienfaisance, dont la fondation et l'entretien sont dus à l'initiative privée.

Douce et chrétienne manifestation de l'esprit d'association ! Dans un même sentiment, un cercle *Arti et amicitiæ* fait chaque année une exposition de peintures et d'objets d'art provenant de collections renommées. L'entrée n'en saurait être gratuite, mais le produit est affecté à une caisse de secours pour les veuves des membres associés. Pas de réclamation, n'est-ce pas ?

Avant d'entrer au Musée, on peut visiter le Palais-Royal, grand monument à l'aspect lourd et froid, isolé, ou plutôt relégué au fond de la place du *Dam*. Sa destination première était une maison de ville; je ne vois pas ce qu'il a pu gagner à devenir demeure royale. Quelques personnes, cependant, s'accordent à vanter son architecture.

Amsterdam possède deux *Musées;* celui de l'État, dans le local qui formait autrefois l'habitation de la famille Trip, et dont il a conservé le nom Trippen-Huis, et un autre que lui a légué M. Van der Hopp, en 1854. Je ne me suis pas trompé en disant qu'en cette ville les beaux-arts étaient enfouis. Dans le Trippen-Huis, la salle où se trouvent exposés, en face l'un de l'autre, la Ronde de Nuit, de Rembrandt, et le Banquet de la Garde civique, de Van der Helst, est si basse, que ces deux chefs-d'œuvre sont posés au niveau du parquet et atteignent la corniche.

On dit que ces musées seront réunis dans un édifice spécial que l'on doit construire en leur honneur. A quand l'inauguration? Le Hollandais est homme de poids et ne se décide pas facilement.

Le musée de l'État est d'une richesse exceptionnelle par le nombre et la beauté des œuvres, toutes gravées et bien connues. Il suffit de citer : de Gérard Dow : la Curieuse, l'Ermite, l'École du soir; Van der Helst : le Banquet de la garde civique; Hals : un Homme joyeux; Hobbéma : le Moulin; Jordaens : Vénus avec satyres; Metzu : un Vieux Buveur; Rembrandt : les Syndics des

Drapiers, la Ronde de nuit; Terburg : le Congrès de Munster;de Voys, le Joyeux Joueur de violon ; Wouwermans, le Maréchal ferrant.

Et encore une sèche nomenclature du musée Van der Hopp :

Cuyp : Animaux; Hondekoteer, Paons et Dindons; Metzu, Intérieur avec dame en velours rouge; Rubens, portrait de sa femme, Hélène Fourman; Rembrandt, une Fiancée juive; Ruysdael, Cascade et vue d'un Moulin; Gérard Dow, Ermite en méditation.

Parmi les collections particulières, il en est une qu'il ne faut pas oublier, celle de M. Six, le descendant du bourgmestre Six, l'ami, le protecteur de Rembrandt. — Rembrandt, le protégé, a donné à son ami l'immortalité. — Les portraits du bourgmestre et de sa femme peuvent être classés parmi les meilleurs du maître. Et en quelle splendide compagnie M. Six les a placés! C'est une réunion de souverains.

La paix de Munster (1648) avait reconnu l'indépendance des Provinces Unies. C'est l'ère de la

grandeur et de la puissance de la Hollande. Tan-
dis que ses flottes, sous les ordres des Tromp, des
Ruyter, balayent les mers, enlèvent à l'Espagne
et au Portugal une partie de leurs conquêtes dans
les Indes, et font trembler, après la bataille des
Dunes, l'Angleterre elle-même, l'esprit d'association politique pénètre dans les affaires privées.
Amsterdam, que la fermeture de l'Escaut substi-
tue en quelque sorte à Anvers, s'élève au premier rang commercial, et, par la formation de
sa Compagnie des Indes, devient l'entrepôt du
monde entier, le *magasin de l'univers,* dit Voltaire.

Une autre gloire lui était réservée : les fautes
de Louis XIV devaient en faire le champ d'asile
de tous les persécutés.

Il est donc vrai que tout en ce monde a une
fin. Depuis le traité d'Utrecht, la Hollande n'a-
vait cessé de décliner. Guillaume IV disait, en
1751, aux États généraux : « Ceux qui ont connu
Amsterdam, il y a vingt-cinq ans, sont frappés
de la décadence du commerce dans cette ville, et

le peu de gens de mer qu'on y trouve est une preuve de cette décadence. »

Ses luttes avec les soldats de Louis XV, toutes stériles qu'elles ont été pour la France, avaient épuisé la Hollande à tel point que, lorsque vers 1780, elle en vint aux mains avec l'Angleterre, elle perdit, presque sans coup férir, la plus grande partie de ses comptoirs de l'Inde, et ne dut la conservation du Cap de Bonne-Espérance qu'à l'intervention du bailli de Suffren. La Compagnie des Indes suspendit ses payements, et la Hollande cessa de compter comme puissance influente ; ce qui lui restait, ce qu'elle a conservé, ce sont d'immenses fortunes particulières.

HARLEM.

Un dimanche. L'habitant d'Amsterdam a besoin de la campagne tout comme le Parisien. La gare du chemin de fer était remplie de gens en habit de fête et à l'air aussi joyeux que peut l'être celui d'un Hollandais; à peine une heure de locomotion, et nous arrivions à Harlem, après avoir égrené à quatre ou cinq stations la plus grande partie de nos compagnons de route. Le petit nombre des Français voyageant en Hollande explique la disette des interprètes, et ceux qui se donnent pour tels sont généralement Anglais ou Allemands; il est impossible toutefois de s'en passer, la population parlant exclusivement le plus pur hollandais.

Harlem a pour spécialités sa mer desséchée, son bois, ses orgues.

A l'eau agitée ont succédé des polders d'une végétation luxuriante. La terre était fatiguée de ne pas produire depuis si longtemps!... La promenade du Bois est des plus agréables ; mais il faut la quitter, car il est trois heures, et les orgues vont être jouées. On regretterait vraiment de ne pas les avoir entendues.

La maison de ville a un musée. Très honnête collection de syndics de corporations, de bourgmestres, de commandants de la garde civique ; tous vêtus de noir, sérieux et dignes comme des gens qui posent pour la postérité.

Broek. — Qui dit Broek dit propreté quintessenciée. J'ai cependant pu constater par des témoins irrécusables que les bœufs et leurs congénères passaient sur la chaussée sans avoir égard aux prescriptions de M. le bourgmestre.

Ici tout est peint à souhait : l'intérieur des maisons, l'intérieur des vacheries, les vases où le lait pur est recueilli ; les femmes ont échappé à ce badigeon, peut-être vaudrait-il mieux qu'elles eussent cédé à l'entraînement général. Broek n'est

qu'à quelques heures d'Amsterdam; on longe,
pour y arriver, le grand canal. Le site est joli, les
prairies d'alentour d'un vert émeraude, où Nabu-
chodonosor eût fait volontiers son temps de péni-
tence.

Nous n'avons pas visité Saardam. Quel peut
bien être aujourd'hui le bourgmestre de cette petite localité ? La succession de Potier est bien
lourde à porter.

En quittant la Hollande, on ne peut s'empêcher
de penser à cette singulière boutade que Voltaire
lui lança sous forme d'adieu :

« Canards, canaux, canaille! »

De ces trois mots, qui avaient la prétention
d'être des qualificatifs, deux peuvent être acceptés.
Certes, les canards sont nombreux, mais ils sont
excellents; nombreux aussi les canaux, mais ils
portent avec eux la richesse et la fraîcheur. Quant
à *canaille,* c'est autre chose; le mot n'est pas
juste, partant, sans valeur. Venant de Voltaire,
c'est la plus grande critique qu'on puisse en
faire. L'irritation du patriarche de Ferney contre

7

les libraires d'Amsterdam ne saurait être une ex-
cuse. Englober dans une appellation grossière tout
un peuple hospitalier, bienfaisant, honnête entre
tous, naguère l'un des arbitres de l'Europe, toujours grand dans ses luttes avec l'Océan, cet
ennemi qui ne désarme jamais : c'est, disons-le
poliment..., une erreur. Mais, celle-là, l'abbé
Nonotte ne l'a point relevée.

Même chemin pour le retour en Belgique; mêmes sensations, au passage du Moerdyck, pour
les œuvres de Dieu et le génie de l'homme.

Mêmes moulins à vent.

Nous voici à

OSTENDE.

Vue de mer des plus réussies. Station balnéaire, en vogue du 15 juin à la fin d'août. Concerts, bals, comédies. On y parle toutes les langues, et l'on paraît se comprendre parfaitement. Il s'y fait quelques mariages dont le high-life s'occupe. Les habitants font fête à ces étrangers, et en vivent. Rien de mieux.

Ostende est un lieu de passage de souverains. Le roi des Belges s'y embarque lorsqu'il va visiter ses bons cousins d'Angleterre ; le yacht de la reine Victoria y débarque la souveraine de la Grande-Bretagne, lorsque cette princesse vient assister aux couches de sa fille, la féconde et future impératrice d'Allemagne.

Nul n'ignore la réputation si justement méri-

tée des huîtres d'Ostende ; la saison des bains se
poursuivant pendant les mois dont les noms sont
privés de la lettre R, soyez donc sans crainte,
gourmands de tous pays, l'exportation de ces excellents mollusques ne sera pas entravée.

BRUGES.

C'est la ville moyen âge par excellence. On
peut, à travers son enceinte, faire beaucoup de
chemin dans une solitude à peu près absolue. Des
monuments en assez grand nombre, mais muti-
lés, attestent son ancienne opulence ; ce qui sur-
vit dans son entier, c'est son ancienne école de
peinture et ses deux grands représentants, les
frères Van Eyck et Memling.

On raconte que vers 1280 un certain comte
Guy de Dampierre, assez rusé de sa nature et
d'un caractère facétieux, voulut persuader à ses ad-
ministrés que la volonté du ciel s'était clairement
manifestée par l'incendie du bâtiment qui conte-
nait les archives de la ville, d'où la suppression
des franchises et privilèges dont jouissaient ses
habitants.

Révoltes ! — Philippe le Bel intervint, rendit

à la ville ce qu'elle avait perdu, mais... la garda
pour lui. Les troupes, qui n'entendent rien à la
politique, traitèrent Bruges en ville conquise. Révoltes, révoltes ! Comme en Sicile, non après les
Vêpres, mais pendant les nuits qui suivirent celle
du 21 mai 1302, Châtillon et les siens durent
évacuer Bruges aux cris de *Mort aux Français!*
Et le massacre dura trois jours ! Philippe le Bel
batailla bien encore quelque temps ; mais en homme
avisé qu'il était, il se le tint pour dit, négocia et
fit bien. Les Brugeois, eux, retournèrent à leurs
métiers et ne s'en trouvèrent pas plus mal. Bruges,
choisie par les villes hanséatiques pour leur entrepôt, devint le grand marché de l'Europe au
nord, comme Venise l'était au midi. Deux siècles
durant, elle jouit d'une prospérité extraordinaire.
Ce ne fut pas un caprice qui lui enleva sa supré-
matie commerciale pour la transporter à Anvers,
mais l'ordre des choses. Les ports de Damme et
de l'Écluse s'ensablèrent peu à peu et devinrent
insuffisants pour les navires plus grands dont on
commençait à faire usage.

Il faut ajouter au passif de sa déchéance les exigences énormes du comptoir. Ceux qui l'abandonnèrent durent être traités d'ingrats par les directeurs d'alors, très enrichis, mais ce vieux gros mot doit être remplacé par celui d'intérêt bien entendu.

Si l'architecture de la cathédrale Saint-Sauveur n'a rien de remarquable, l'intérieur, en revanche, est particulièrement intéressant par le nombre et la beauté des objets d'art et des toiles de maîtres qu'il renferme. Le jubé, en marbre blanc et noir, est surmonté d'une statue du Père Éternel par Quellin. Les stalles des chanoines, de deux époques différentes, sont d'un bon travail, les armoiries placées au-dessus appartiennent aux chevaliers de la Toison d'Or.

Les jours de fête, de magnifiques tapisseries d'Audenarde, d'après Van Orley, sont tendues à l'entour du chœur. Les toiles qui ont servi de modèles sont à demeure dans quelques-unes des chapelles. Ce ne sont guère que des esquisses, mais il y a aussi des Zeghers, des Van Eyck, des

Jean Maes, des Van Oost, des Janssens, des Pourbus, très achevés et très beaux. J'en oublie certainement, car les murailles ne sont que peintures. Ne sortez que quand vous aurez trouvé une petite porte Renaissance, d'un très bon style.

L'église Notre-Dame, elle aussi, est ornée des œuvres des mêmes grands artistes. Dans l'une des chapelles se trouvent les tombeaux de Charles le Téméraire, duc de Bourgogne, et de sa fille Marie, épouse de Maximilien et grand'mère de Charles-Quint.

Les statues et les ornements de ces mausolées sont en bronze doré, d'une exécution et d'une ciselure remarquables. Ils ont coûté des sommes considérables, 24,000 florins celui du duc seul; les ouvriers y contribuèrent par la perte de leurs dents et une paralysie presque générale de leurs membres, par suite de l'emploi du mercure, excellent agent de dorure sans doute, mais très dangereux, comme on le voit.

Devant ces magnificences de la mort, ces vers de notre Malherbe reviennent en la mémoire :

Et dans ces grands tombeaux, où leurs âmes hautaines
  Font encore les vaines,
  Ils sont mangés des vers.

Un groupe en marbre blanc représentant la
Vierge et l'Enfant Jésus est placé sur le maître-
autel d'une autre chapelle. On l'attribue à Michel-Ange. M. Viardot, tout en avouant que « c'est
un très beau groupe, d'un style noble, élevé,
saint ; que les draperies sont légères, fines et charmantes ; que le mouvement de l'enfant est plein de
grâce et sa chair parfaite, » en conteste la pater-
nité au grand Florentin, par cette raison que
« ni la Vierge ni l'enfant n'ont de prunelles, tan-
dis que, dans l'œuvre de Michel-Ange, pas une
tête de statue ou de buste qui soit sans prunelles ».
Est-ce une preuve bien décisive? Quoi qu'il en
soit, ce groupe mérite tous les éloges que M. Viardot lui a donnés.

Avant de quitter la cathédrale, on doit s'arrê-
ter devant la tribune des sires de Gruythuyse, en
bois de chêne du Rhin fort ouvragé, d'une architecture gothique.

Hôpital Saint-Jean. — Ce n'est pas pour visiter les malades et leur porter des consolations que vous vous présentez à la porte de cet asile de la misère, fait riche par un pauvre, si longtemps et tellement méconnu que son nom ne figure même pas dans la *Biographie universelle* de Michaud. Il y frappait, lui, en 1477; il était blessé. D'où venait-il? Peut-être de l'armée de Charles le Téméraire, vaincu à Morat. Nul ne s'en inquiéta. On l'accueillit, on le soigna; il guérit.

La légende dit que cet envoyé de Dieu voulut montrer sa reconnaissance envers les frères, en exécutant pour eux les admirables peintures que l'hôpital a précieusement gardées. D'où qu'elles viennent, à titre gracieux ou onéreux, peu importe. L'étude des chefs-d'œuvre de Memling, de cet imagier « peintre à la détrempe, s'obstinant à conserver, cinquante ans après Van Eyck, les vieux procédés de la peinture byzantine », est des plus intéressantes, et c'est ici surtout qu'on peut la faire avec fruit.

Le Mariage mystique de sainte Catherine et

cinq ou six triptyques d'égale importance suffi-
raient à eux seuls : mais la Châsse de sainte Ur-
sule l'emporte sur eux tous. C'est le plus complet
et le plus parfait de ces chefs-d'œuvre que « cette
petite chapelle formant un carré long et n'ayant
pas deux pieds de hauteur entre sa base et le
sommet de son toit aigu. Les deux façades, si l'on
peut se servir de ces grands mots, les murs latéraux
et la toiture forment, de leur bordure d'or finement découpée, les cadres des peintures de Memling, plus fines et plus précieuses encore, qui sont
les fresques de ce temple en miniature. » (Viardot.)

Dans cette vaste salle se trouvent encore quelques excellents tableaux, entre autres un Philoso-
phe en méditation, de Van Oost; mais Memling
est un mauvais voisin. Il est aussi un fascinateur, et
il vous attirera partout où sera son bon plaisir.
Si c'est à l'Académie, allez à l'Académie, cet ancien édifice qui servait de lieu de plaisir et de
réunion aux bourgeois de Bruges. Vous y verrez
deux ouvrages de Memling de la plus grande

beauté : Saint Christophe portant l'Enfant Jésus
et le Baptême de Jésus-Christ. Près de lui, fait
bonne contenance Jean Van Eyck avec son pro-
pre portrait et un triptyque dont le panneau
principal montre la Vierge entre saint Georges et
saint Donatien.

L'Hôtel de ville est remarquable par son architecture gothique élégante. Il date du XIVe
siècle.

La chapelle du Saint-Sang tient à l'Hôtel de
ville et est du même style ogival. Cet édifice se
compose de deux chapelles superposées; il possède un beau trésor, et, quoique le miracle ait
cessé en 1310, c'est un lieu de pèlerinage très
suivi.

Le Palais de justice a été bâti, en 1792, sur
l'emplacement qu'occupait autrefois le palais des
comtes de Flandre. Rien sur la façade extérieure
ne le recommande à la curiosité, mais la partie
latérale subsiste encore dans son état primitif,
avec ses quatre petites tourelles, minarets du plus
charmant effet. Dans le cabinet du bourgmestre,

on a placé une cheminée monumentale, exécutée
en 1529 pour la salle où le Franc de Bruges tenait
ses audiences.

Le bas-relief en marbre, placé au centre, représente l'histoire de la chaste Suzanne et la con-
damnation des deux vieillards. Les statues de
plusieurs souverains, placées aux angles et sur-
montées d'écussons aux armes d'Espagne, de
Bourgogne, de Flandre, d'Angleterre, forment
une très belle décoration. Cette vaste composition,
qui montre la grandeur humaine, la fragilité de
la chair, la perspicacité du juge, a dû plonger
quelquefois dans une méditation profonde le premier magistrat de Bruges.

Bruges a pour Université une école dentellière
fort en vogue, et qui a détrôné Malines. Les femmes lui sont très sympathiques; les maris lui té-
moignent un certain éloignement.

GAND.

Au temps de Charlemagne, Gand devait avoir
déjà une certaine importance, puisque le grand
empereur y vint inspecter une flotte qu'il destinait à repousser les incursions des Danois et des
Normands.

La dynastie des Baudouin, comte de Flandres,
fit le bonheur et est restée l'honneur du pays. Le
premier du nom favorisa l'agriculture et intro-
duisit les métiers de tisserands, la fortune de
Gand.

Deux cents ans après, Baudouin IX partait pour
la Terre Sainte, et y faisait son chemin, comme il
est dit dans les chroniques, puisqu'il se fit couron-
ner empereur de Constantinople. Sa fin malheu-
reuse rappelle celle d'Hippolyte, digne fils d'un
héros. Fait prisonnier par un roi Bulgare, il ré-

sista aux avances de la reine. Celle-ci se condui-
sit comme ses devancières, Mesdames Phèdre et
Putiphar ; le roi des Bulgares, comme Thèsée,
sinon qu'il crut ne devoir s'en rapporter qu'à lui
du soin de sa vengeance : Baudouin fut coupé en
morceaux ! La chasteté ne réussit donc pas toujours; mais violer Lucrèce est un jeu pour le moins
aussi dangereux. Cas de conscience !

Les Gantois ne passent pas pour avoir eu l'esprit moins inquiet et moins remuant que celui des
autres habitants des Flandres, mais leurs révoltes
et les fréquents changements des maîtres qu'ils se
donnèrent ou qu'ils reçurent n'ébranlèrent point
la prospérité de leur ville. C'est un caractère très
distinctif.

Il est vrai que la constitution démocratique,
mais peu libérale, que lui avait donnée Jacques
d'Arteweld, — un Gracque, qui eut le sort des
Gracques, — n'admettait pas dans la cité les bou-
ches parasites, c'est-à-dire celles qui ne justifiaient
pas avoir quelque chose à mettre sous leurs dents.
Ce fut surtout sous la domination espagnole que

Gand atteignit son plus haut degré de prospérité.
Charles-Quint y avait vu le jour, le 25 février de
l'an 1500. Il aimait sa ville natale, mais il détes-
tait plus encore les révoltes. Les Gantois durent à
ces deux sentiments de n'être que frappés d'amen-
des pour leur insoumission. Philippe II, qui n'a-
vait pas les mêmes motifs, agit suivant sa méthode
ordinaire ; mais lui-même fut obligé de reconnaître que les résultats n'étaient pas brillants :
les Gantois émigrèrent en Hollande et en Angleterre, où ils portèrent leur industrie et leurs
croyances religieuses. Deux siècles plus tard, la ré-
vocation de l'Édit de Nantes produisait en France
les mêmes effets. A dater de 1600, l'histoire de
Gand se confond avec celle des autres villes de la
Belgique, ce champ de bataille de l'Europe.

Pendant les Cent-Jours, Louis XVIII s'était
réfugié à Gand. C'est là qu'il entendit le canon
de Waterloo et qu'il donna l'ordre à ses fourgons
de reprendre le chemin de la France.

A une certaine époque, « être allé Gand » a été,
dans l'argot politique, une expression injurieuse

employée à l'égard d'hommes qui avaient salué le retour de l'arrière-petit-neveu de Louis XIV. Elle est tombée en désuétude, faute de sujets.

La cathédrale, d'abord sous le vocable de Saint-Jean, puis sous celui de Saint-Bavon, un saint du VIIe siècle que n'invoqueront jamais les bons ménages, — il fit mourir sa femme de chagrin, — est l'une des plus grandes églises de la Belgique. Du haut de sa tour, on aperçoit Anvers, Malines, Bruxelles et Bruges..., dans le brouillard.

L'intérieur est très riche. Je n'aime point, cependant, cette décoration du chœur en marbre blanc et noir alterné, non plus que le mélange de marbre et de bois sculpté de la chaire, dont le prix a été très élevé; — mais le prix, comme le temps, ne fait rien à l'affaire. Ces réserves faites, admirons dans le chœur les belles stalles des chanoines, en bois de Mahony massif; les quatre mausolées en marbre, dont l'un, celui de l'évêque Triest, est dû au ciseau de Jérôme Duquesnoy, frère du

8

célèbre sculpteur, qu'il empoisonna par jalousie de métier.

Bon petit frère !

Toutes les chapelles sont ornées de tableaux de Gaspard de Crayer, Otto Venius, François Pourbus, Gérard Van der Meer, Seghers, Michel Coxie. Rubens n'y est représenté que par une seule toile, renommée entre tous ses chefs-d'œuvre, la Réception de saint Bavon dans l'abbaye de Saint-Amand; mais l'œuvre capitale qui se voit à Saint-Bavon, et qui suffirait à elle seule pour attirer à Gand tous les amis des arts, c'est le tableau des frères Hubert et Jean Van Eyck, représentant l'Agneau céleste, adoré par les anges et les saints de l'Ancien et du Nouveau Testament. Quand on songe que cette composition d'un fini si parfait, et qui semble si vaste à Saint-Bavon, ne comprend que quatre des douze panneaux dont elle se compose (les autres sont au musée de Berlin, ainsi que les douze volets extérieurs), on reste confondu devant cette manifestation de la pensée religieuse, sorte d'épopée comme la *Divine Comédie* de Dante.

Le tableau de l'Agneau céleste fut terminé le 6 mai 1432. C'est une date précieuse pour l'histoire de la peinture en Flandre.

L'église Saint-Michel est aussi à visiter. L'extérieur n'a aucun caractère architectural; mais l'intérieur est vaste et dans de bonnes proportions. On vous dira qu'une tour haute de quatre cents pieds, la plus haute de la Belgique, devait surmonter l'église; croyez-le. Peut-être vous dira-t-on encore que la République française en avait fait un temple de la Raison et que la plupart des tableaux et des objets d'art furent enlevés et ne se retrouvèrent pas. Soyez-en assuré. Il en reste encore quelques-uns qui ne sont pas à dédaigner. Si Saint-Bavon a son Rubens, Saint-Michel possède un Van Dyck capital, le Christ mourant sur la croix. Le buffet d'orgues en bois sculpté est très beau; les orgues, excellentes.

Parmi les monuments civils, il en est deux que

je vous recommande : l'Hôtel de ville et le Beffroi.
Le premier se compose de deux édifices juxtapo-
sés, de styles complètement différents, dont la
partie la plus ancienne (1480) est du plus pur
gothique ogival, l'autre, de 1600, alors que ce
même gothique, avec son ornementation si variée,
cédait devant l'invasion du goût italien. Très curieux à étudier.

Le Beffroi, tout proche de l'Hôtel de ville, et
comme son porte-voix, date de la fin du XIIIe
siècle. Du haut de sa tour, fort élevée mais peu
élégante, une cloche invitait les bourgeois à se
rassembler. Ce que l'on connaît du caractère des
Gantois donne à penser que la place de sonneur
n'y était pas une sinécure.

Tout un quartier de Gand est occupé par une
institution d'une espèce mixte, le Béguinage, com-
munauté de femmes priant ensemble, à des heures
réglées, et vivant séparément, de leurs propres
ressources. Cette petite ville, au sein de la grande,

entourée de murs et de fossés, se compose de maisons à un étage, d'un aspect assez uniforme, qui donnent asile à six cents religieuses. Leur liberté d'aller et venir finit avec le coucher du soleil.

Gand s'est embelli, transformé, mais a perdu sa physionomie de ville du moyen âge. Quelques maisons, en petit nombre, rappellent la domination espagnole, moins bien cependant qu'à Bruxelles et à Bruges. Il faut faire exception pour la maison des Bateliers, construite en 1531, et qui peut rivaliser avec celle de la place du Grand-Marché de Bruxelles.

Qui ne connaît la maison Van Houtte! Il faut n'avoir pas deux pots de réséda sur sa fenêtre pour ignorer le nom du célèbre horticulteur. C'est un merveilleux établissement qui occupe, à l'extrémité de la ville, une superficie de plus de vingt hectares. Tout y sent bon, même le fumier.

Et pour finir bruyamment, je dis à ceux qui aiment les engins de guerre, les machines à des-

truction : Allez sur une petite place au bord de
la Lys, et vous y verrez un grand diable de canon, qui a fait des siennes au siège d'Audenarde,
en l'an de grâce 1382, et qui s'appelle :

« MARGUERITE L'ENRAGÉE. »

Aucun accident ou incident au retour. Arrivés
à l'heure réglementaire.

FIN.

TABLE DES MATIÈRES.

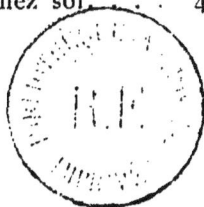

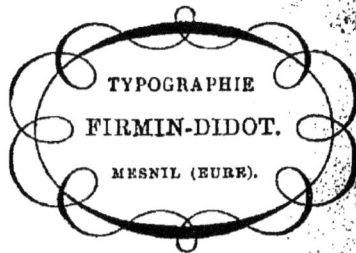

TYPOGRAPHIE

FIRMIN-DIDOT.

MESNIL (EURE).

www.ingramcontent.com/pod-product-compliance
Lightning Source LLC
Chambersburg PA
CBHW051737090426
42738CB00010B/2296